U0892325

华 喦

（1682—1756）

“福建历史文化名人丛书”编委会

主　任：林蔚芬
副主任：王秀丽
委　员：康蓉晖　杨文飞　刘兴宏　李培鋗

福建历史文化名人丛书
福建省社会科学界联合会 编

华嵒

扬州画派代表人物

鲁普文　练建安　编著

海峡出版发行集团 | 福建人民出版社
THE STRAITS PUBLISHING & DISTRIBUTING GROUP | FUJIAN PEOPLE'S PUBLISHING HOUSE

图书在版编目（CIP）数据

华喦：扬州画派代表人物 / 鲁普文，练建安编著. --福州：福建人民出版社，2022.11
（福建历史文化名人丛书）
ISBN 978-7-211-08871-3

Ⅰ. ①华… Ⅱ. ①鲁… ②练… Ⅲ. ①华喦—生平事迹 Ⅳ. ①K825.72

中国版本图书馆CIP数据核字（2022）第069409号

华喦
HUAYAN
——扬州画派代表人物

作　　者： 鲁普文　练建安
责任编辑： 陈　宽
责任校对： 陈　璟
出版发行： 福建人民出版社　　**电　　话：** 0591-87604366(发行部)
网　　址： http://www.fjpph.com　　**电子邮箱：** fjpph7211@126.com
地　　址： 福州市东水路76号　　**邮　　编：** 350001
经　　销： 福建新华发行（集团）有限责任公司
印　　刷： 福州凯达印务有限公司
地　　址： 福州市金山红江路2号浦上工业园B区47号楼
开　　本： 700毫米×1000毫米 1/16
印　　张： 10.5
字　　数： 108千字
版　　次： 2022年11月第1版　　2022年11月第1次印刷
书　　号： ISBN 978-7-211-08871-3
定　　价： 25.00元

本书如有印装质量问题，影响阅读，请直接向承印厂调换。
版权所有，翻印必究。

总序

李红

社会科学承载着“认识世界、传承文明、创新理论、咨政育人、服务社会”的重要功能，是人类赖以传承的精神支柱。近年来，福建省各级各部门认真贯彻《福建省社会科学普及条例》，社会科学普及工作扎实开展、稳步推进，通过举办全省社科普及宣传周、建立社科普及基地、开办社科普及讲坛等社科普及咨询平台载体，其制度化、常态化、大众化工作取得了明显成效。

习近平总书记指出，文化是民族生存和发展的重要力量，中华优秀传统文化已经成为中华民族的基因，植根在中国人内心，潜移默化地影响着中国人的思维方式和行为方式。福建文化是中华文化中极富特色的一部分，深度融入了中国文化的进程，展现出突破陈规、积极进取、兼容并包、锐意创新的胸襟和气魄。向大众传播福建优秀的历史文化知识，是福建省社科普及工作的重要内容。以接福建地气、讲福建故事、塑福建形象、续福建文脉的姿态编辑出版的“福建历史文化名人丛书”，既较为全面地展示了福建文化深厚的历史底蕴和丰富的人文精神，也为福建当下的社会文化建设提供了有益的资鉴。“福建历史文化名人丛书”所包含的朱熹、林则徐、严复、陈嘉庚等人物传记，记录了福建文化之于中国历史的影响，同时也以人物史的叙述方式生动地展现出中国人文精神的风骨和传统文化的传承。

今天，我们提倡和弘扬社会主义核心价值观，必须从中华优秀传统文化中汲取丰富营养，否则就会缺乏生命力和影响力。“福建历史文化名人丛书”记录了福建历史文化人物的价值观践行轨迹，重温了这批福建历史文化乃至中国历史文化史上重要人物的生命历程，以浅显晓畅、通俗易懂的叙述方式讲述了中华优秀传统文化传承的当代意义，开辟了社会科学知识进入千家万户的新路子。

“最忆市桥灯火静，巷南巷北读书声。”一套好的社会科学普及丛书，总是能带动起读书的风气。将学习作为一种追求、爱好和健康的生活方式，也是“福建历史文化名人丛书”所期望实现的目标。在文字中领略福建地域文化魅力，在阅读中传承传统文化养分，在感悟中提升人文道德情操，社会科学普及丛书的出版，可谓正当其时。

（作者系福建省人民政府原副省长，福建省政协原副主席）

目　录

第一章

闽汀才子

华喦出生于龙岩上杭客家祖地，幼年因家贫而辍学。他善于观察大自然，并有一种冲动将发现的美用画笔表现出来，而后拜师学艺，研习画理。由于受到宗族的轻视，他愤然离乡，决心去更广阔的天地闯荡。

新罗华氏

清康熙二十一年十月初七（1682年11月5日），福建汀州上杭县一个叫华家亭的村落，一位叫华常五的农人，此时在家里来回走动，坐立不安，他不停地搓着满是老茧的双手，心里默默祈祷，他的妻子快要临盆了。

“哇，哇哇……”随着一声声响亮的啼哭，一个婴儿呱呱坠地。

这个初生男婴，就是本书传主——华嵒。

华嵒，原字德嵩，到杭州又更字秋岳，号白沙道人、新罗山人、东园生、布衣生、离垢居士等，老年自喻“飘篷者”，流寓杭州、扬州两地售画为生。乾隆二十一年（1756年）冬在杭州去世。华嵒会画，善书，能诗，人称“三绝”，为清代杰出绘画大家、扬州画派的代表人物之一。

华嵒的家乡上杭，历史悠久。

“东南山豁大河通，汀水南来更向东。四面青山三面水，一城如画夕阳中。”祖籍上杭的爱国诗人丘逢甲《吟上杭》一诗，形象描绘了位于汀江流域的上杭古城的山川形胜。

“天下水皆东，唯汀独南。”发源于宁化县木马山的千里汀江，流经长汀县境、武平北部，九曲十八湾，进入上杭县境后，江面开阔，水量充足。这是一段“黄金水道”，大宗山货、水产品在此吞吐。闽西民谚说：“上河三千，下河八百。”三千、八百的数字，都是指木排和货船。

新石器时代，上杭境内已有人类休养生息。夏商时上杭隶属扬州城，周为七闽地，战国属越地，秦属闽中郡，汉属闽越国，三国属吴，晋属新罗县。唐大历四年（769年），割龙岩湖雷下堡置上杭场，隶属汀州。宋淳化五年（994年）与邻居武平同时升场为县，此后，元明清诸朝，上杭均隶属汀州。

东晋末年，朝代更替，烽烟遍地。一批又一批中原世家望族，络绎南迁。他们翻山越岭，走州过府；他们跨过长江，渡过鄱阳湖；他们溯赣江而上，横跨武夷山，来到了宁化石壁村。唐宋时期，他们就有了一个富含历史记忆的称号——客家人。

宁化石壁村，是世界公认的客家祖地。在这里，客家人休养生息，生根发芽，再开枝散叶，走向更开阔的生存发展的新天地。

千里汀江，南流入海，这是客家人迁徙粤琼台港及南洋外邦的大动脉。

农耕文明时期的上杭县城，一派繁华。

汀江行船，但见瓦屋连绵，街市纵横，煞是壮观。

“你从哪里来？”

许多年以后，人们问道。

“石壁村，瓦子街。”

石壁村、瓦子街，存留在世界各地客家人世世代代的记忆里。

上杭县城，古老的瓦子街。站在华嵒雕像面前，看着这位面容清癯、饱经风霜的老者，从他那饱满的前额、深邃的目光中，我们能感受到他那充沛的才情与睿智。

地处武夷山脉南段的上杭，耕地少山地多。山上盛产毛竹，当地山民多以造纸谋生，故上杭的造纸业很兴盛。

位于上杭县东门外30千米左右的白沙里华家亭，是一处美丽的闽西山村。

华家亭古称“化蛟藤”，村中原有跨溪的两根粗大古藤交织在一起，形似蛟龙。有人见此溪清澄可鉴，风景秀丽，就挨近溪边建造了一座风景亭，村里人称之为“化蛟亭”。因村里居民全是华姓，故改称为“华家亭”。

华家亭四面环山，云萦雾绕，竹林资源丰富。村子有造土纸的传统，这里的土纸因其纸面光洁且色泽持久闻名遐迩。华嵒之父华常五便是这个村子众多的造纸师傅之一。

在中国的文化传统中，历来看重“家世渊源”。这自然跟当时中国的教育方式和家族制度有关。和大多数出身书香门第、从小就有着良好的读书环境的杰出人物不同，华嵒虽然后来也成长为画坛一代宗师，但他出身寒微，父亲只是山村一位造土纸的手艺人。我们当然有理由好奇：华嵒当年是沿着怎样一条生活道路和思想轨迹，从偏僻遥远的闽西山村中的贫困农家走出，最终成长为一位艺术大家的？

据清光绪甲午年（1894年）第四次续修的《闽汀华氏族谱》与民国二十七年（1938年）丘复主纂的《上杭县志》相关记载，华氏先祖京一郎原住在江苏无锡武陵街，“当宋绍兴间宦游沙县，因家于连城”，后“由连城沽田（姑田）来杭，二世祖九郎遂家焉……八代分四房”：杭长房、杭次房（机公）、杭三房（恋公）、杭四房。常五系二十世，属杭次房后裔。华嵒祖父名国兰，字庭修，配周氏；生子三人：长子常五，次子亨五，三子丁五。常五生子三人：东升、德嵩（即华喦）、德丰。

明清时期，江浙经济与福建经济有较强的互补性。江浙需要福建的木材、纸张、染料、烟叶、食糖、花果、铁货、洋货、南货等商品，而福建需要江浙的棉花、棉布、生丝、丝绸等商品。两地由浙东或江西或安徽的三条内地商道和沿海的一条商道连接，保持着紧密联系。

据《上杭县志》卷十《实业志》记载：“前清嘉道以前，邑人出外经商，以靛青业为最著。据赵志物产云，本邑之种蓝者其利犹少，杭人往南浙作靛，获利难以枚数。此乾隆初年事也。故江西、浙江、广东及上海、佛山、汉口等处，于总会馆外皆有上杭会馆，当时商业发达可知。”也就是说，明清时期汀州府上杭、永定等地靛青业发达，但商人在本地经营获利不多。因为浙南地区出产靛青，包括上杭商人在内的汀州商帮在江南主要经营靛青。清前期，上杭商人在全国很多重要城市都建有县级会馆。

此外，江南刻书印书业、笺纸加工业发达，但纸张匮乏，需要从福建等地输入。康熙五十七年（1718年），在苏州经营纸业的上杭商人建立了汀州会馆，反映出闽纸向江南的输出已有相当的规模。

华家族人原本“男司农工，妇理内政”，但由于地处闽西深山的华家亭交通闭塞，经济落后，加上宗族壮大导致生产生活资源更加紧张，华氏子孙逐渐穷困。在这种情况下，明清时期，族里一些“有志之士”开始远赴江浙，“自贩运纸料为苏杭游间于

铁腚两行”，华嵒三叔丁五便是其中一位，这对于后来华嵒的人生走向产生了重要的引导作用。

华常五留在家乡。他有一个志向，就是希望通过自己的努力，能够让自己的后代有条件读书，以光耀门庭。

家贫失学

华家“自华嵒而上，五世皆布衣”。华常五希望儿子长大后能通过科举的阶梯而入仕，改变祖辈数代布衣、生活困顿的局面。华常五小时候读过几天私塾，粗识文字。因为家里穷，十几岁起他就在本村的纸寮做事，担负起家庭重担。他头脑灵活，肯吃苦，很快就掌握了这门手艺。因土纸生意不错，加上妻子邱氏勤俭持家，攒下一点家底，早几年想让长子东升入学，但那时没有条件。现在他下定决心，即便自己再辛苦，也要尽量节衣缩食供次子德嵩读书，希望他能够如取的名字一样，如山之高，获得功名，从而光宗耀祖。父亲的希望与憧憬对华嵒未来人生道路的设计、人生目标的选择影响深远。

正因为在华嵒身上寄予了很高的期望，父亲将他送到村里的蒙馆。蒙馆先生是从外村请的，是位老童生，有点迂腐，但教学非常认真、严格。华嵒没有让家人失望，虽然也有点淘气，但是很懂事。他明白为了培养自己，家里承担了怎样的重负，因此用心读书，艰深枯燥的课程倒也读得津津有味。

华嵒先学比较容易的《三字经》《百家姓》《朱子家训》等，接着便是较难的“四书”（《论语》《孟子》《大学》《中庸》）。先生教了十几个学生，每天对他们逐一面授，学生跟着他唱读，等一个学生会读了，他再教下一个学生。在背诵上，先生要求很严。学生会背先生教过的内容了，再学下面的。天资聪颖、勤奋的华嵒念得快，总是背得滚瓜烂熟。因为华嵒背得多，先生就教得多，他比其他学生进步都快。有的学生《百家姓》还没有背熟，他已经开始学《论语》之类了。先生还会教学生对简单的对子。在老师的熏陶下，年幼的华嵒很快就能“矢口成吟，涉笔成趣”。

但好景不长，由于多年超负荷劳作，在维持生计和供子读书的沉重压力下，华常五的身体日渐病弱，他疲惫、衰弱的身体已经无法承担以前的那种重体力活了。华嵒被迫辍学，回到家中帮助做事。

路亭画牛

辍学后，华嵒先是在父亲的纸寮中当徒工。华家亭附近“峰回岫复，水秀山明”，纸寮位于离家4里远的麻姑岭，那里水质好，森林资源丰富，毛竹满山，为生产粗纸的作坊提供了充足而优质的原料。

爱玩是孩子的天性，华嵒一有空就到麻姑岭上玩耍，在那里他不经意间有了意外的收获。他在成名后回忆：“仆居闽时，常放游山水，见茂林中有藤，垂花如珠串，随风泛动，灿然岩壁，不识其何名，幽艳若此，静中揣想，拂颖而出。”（方睿颐《梦园书画录》）

麻姑岭是华嵒童年时期无边辽阔的活动舞台，他与花草为伍，与动物为友，感到了无限的欢畅与自由。华嵒渴望、眷恋大自然，他的心灵在草木花香和鸟语流水营造的氛围中变得安宁、舒缓。久而久之，他养成了热爱大自然、善于观察的习惯，也有了一双善于发现美的眼睛，并有着将这种美表达出来的渴望与冲动。他很自然地捡起树枝或小石块，将目之所及、心之所感发之于笔端。

一次，村里一家富户请画匠替自己新建的房子绘装饰画。当华嵒看到画匠用笔墨、色彩绘制出花草鸟兽，似乎受到了启发。他回家取出自己在读书时使用过的笔墨，一溜烟跑到父亲的纸寮，在烤纸的墙壁上画了起来。

父亲回来后，看到被华嵒涂得乌黑的墙壁，非常生气，将他狠狠抽了一顿。在惩罚过华嵒之后，父亲又开始考虑儿子的前途了：既然无钱供孩子继续读书走科举道路，那就必须重新选择出路。到底是让华嵒子承父业还是让他跟三叔丁五外出经商？虽然这次华嵒闯了祸，但不可否认，这个孩子很喜欢画画，也还画得像模像样的。是否可以考虑今后让他学习绘画？虽然画工的社会地位比不上读书做官，但毕竟是门手艺。客家老话说“手艺不误身”嘛，又说了，“家有良田千顷，不如薄艺在身。”画画即便不能光宗耀祖，混一碗饭吃也是没有问题的。父亲动了让华嵒学画的念头。

华嵒年纪稍大一些时，为了给家里增加一点收入，开始帮村里的富户放牛。一天，他静静地坐在山坡上，看着牛儿悠闲地吃草。黄昏的日光暖洋洋的，青山叠叠，绿水长流，山花烂漫，百鸟鸣唱。他的心里莫名地产生一种喜悦的情绪，这种情绪在他牵着牛回家的路上一直延续着。经过山路边的亭子时，华嵒就捡起石子在亭壁上画起牛来，他画得很快，不一会儿工夫就画好了。

华嵒扭着头欣赏了一会儿，就向村子走去。走了没几步远，他听见背后有人在议论：

“这牛画得真是不错，惟妙惟肖的，有点味道。”

“是啊。只是牛肚子下垂得有点多啦，把牛肚子画大了。”

听了议论，华嵒回过头再次端详自己画的牛，确实如此，比例有点不对。他想了想，该怎么弥补这个不足呢？有了！他灵机一动，立马跑回亭子里，在牛旁边添画了一棵树，让牛作擦痒状。

原来这两个人是客家民间画师，刚好路过这里。他们看到华嵒不仅有超凡的艺术天赋，其机智也令人惊讶，赞赏之余，认为孺子可教，就主动提出要免费收华嵒为徒。

得到画师的悉心栽培，华嵒打下扎实的基本功，画艺提高很快。17岁时，华嵒开始为当地土地庙、龙王庙画壁画，他还为雇主画些门神和吉祥画之类。

刚开始，华嵒是在师傅的带领下接一些零活。后来，华嵒在七里八乡有了名声，找他的人渐渐多了起来。

这时候，华常五的病情更加严重了，长兄东升为生计也去了江浙一带，华嵒更多地扛起了家庭生活的重担。生计再艰辛，华嵒也苦练画功，稍有空闲，他便对景写生。夜晚，他通常在昏暗的油灯下勤奋读书，研习画理。

宗祠画壁

因为家境贫寒，华常五又患重病，华嵒家在村里常受到一些蛮不讲理者的排挤、欺凌。年轻的华嵒虽有才华，但一些族人看不起他民间画工的身份。自幼聪俊但因“家贫而弃举业”的华嵒饱尝世态炎凉。因为族里发生的一件事，华嵒长期积压在内心的愤懑爆发了。

康熙四十二年（1703年），族中集资重修华氏宗祠，拟请人绘制壁画。22岁的华嵒的画艺在当地已经很有名气，他也想为宗族尽点职责。大多数族人支持华嵒来绘制宗祠壁画，那些主事者却坚决反对，他们宁愿花费重金去汀州府请人。有人说：“不就是常五家的乳臭未干的穷小子吗？前几年还帮我家放过牛呢！”族长也极力贬低他：“华嵒乃轻薄后生，一介布衣，有何能耐？”华嵒闻讯十分气愤，决定在显露一手之后远走高飞，待将来有机会再“衣锦还乡”，让那些势利之人好好看看。

那天，华嵒与父母、三弟挥泪而别，偷偷地在村外山上等到天黑。夜里，他悄悄翻墙入祠，满怀激情地挥动画笔，只用了一夜的工夫，便在祠堂的四壁上绘制好了《高山云鹤》《水国浮牛》《青松悬崖》《倚马题诗》4幅巨画。之后，华嵒便离开了家乡，投奔已经在杭州站稳脚跟的三叔，去寻找自己的梦想。

华嵒“宗祠画壁”，在故乡留下一个颇具传奇色彩的故事。光绪十五年（1889年），罗嘉杰在刊印《离垢集》的序言中不忘加上一段话：“上杭华氏祠堂垩壁，至今墨迹犹存，盖山人所作也。”

华嵒离开故乡后，再未见过父母亲，故乡也只能萦绕于梦中，《丁酉九月客都门思亲兼怀昆弟作》写道：

何处抛愁好，穿庭复绕廊。
东西经夜月，南北梦高堂。
有眼含清泪，无山望故乡。
纷纷头上雁，联络自成行。

上杭古为新罗地。多年后，为表达自己“不忘桑梓之乡”，华嵒给自己取号“新罗山人”。

总体来看，父亲寄寓的光宗耀祖、光大门楣的希冀，贫寒的家境和过人的天资，这些都使少年华嵒志存高远。正如后来他在诗里所写的：“少年好骑射，意气自飞扬。”在“宗祠画壁”后，一代宗师走向了他辉耀中国画坛的“风水宝地”。

生貴有道
衣食固其端
孰是都不營
而以求自安開
春理常業歲功
聊可觀晨出肆微
勤日入負耒還山中
饒霜露風氣亦先田
家豈不苦弗獲辭
此難四體乃疲庶
無異患干盥濯息
簷下斗酒散襟顏
遥、沮溺心千載乃
相
關但願長如此
耕
非所歎 寒雲

第二章

侨寓杭州

因为叔父的缘故，华喦来到杭州。他广泛交友，切磋交流，诗艺取得长足进步，并娶妻生子，还短暂当过一段时间幕僚。婚后8年，妻子亡故，成为他一生的伤痛。

访玄问道

“东南形胜，三吴都会，钱塘自古繁华。”这是柳永笔下的杭州。杭州地处钱塘江入海口，濒临杭州湾，背倚杭嘉湖平原，自古兼鱼盐桑粮之利，经济、文化发达。自五代始，杭州就成为南方重要的经济、文化中心之一。南宋建都于此，使得杭州的政治、经济、文化地位更显重要。元明清三代，杭州的经济、文化得到进一步发展，尤其具备了良好的艺术氛围和文化市场。南宋院体画风给这里的绘画打下了坚实的基础，明代浙派绘画开创了艺术市场化的先河，对整个明清两代的艺术发展产生了巨大的影响，画家靠卖画为生，自此形成风气。清代前期，杭州仍然有良好的绘画气氛，陈洪绶以及略早于华嵒的禹之鼎、王树穀便是其中的名家。

康熙四十二年（1703年），经过数月长途跋涉，华嵒终于出现在距故乡千里之外的杭州街头。城外远处山峰奇秀，西子湖畔游人如织。城中更是坊铺相连，一片繁荣。旅途的疲惫难掩华嵒兴奋的心情，他根据三叔丁五家信中所说的地址，沿街不断询问，终于找到三叔的家。

叔侄见面叙礼，自然少不了一番嘘寒问暖。之后，华嵒便先将此番离闽来杭的前因后果一一禀报。三叔问：“贤侄今后有何打算？跟愚叔学习经商之道如何？”

华嵒摇摇头：“小侄这番所为，若不能取得功名衣锦还乡，必为族人取笑。小侄早已放弃举业，精研画艺，或可‘以画致仕’，既报效朝廷，且光耀华家门楣。”

“贤侄有此壮志雄心，愚叔深感欣慰。经商不易，精研画艺好。老祖宗说，手艺不误身。”

看到三叔这么理解和支持自己，华嵒当然很高兴。他问：

“三叔，您可认识杭州的画坛名家？小侄想登门讨教，长长见识。”

“贤侄啊，恕愚叔孤陋寡闻了。”

华嵒见三叔不了解这方面情况，他忽然忆起：这次来杭州的路上因为旅费不多，曾经找寺庙、道观投宿，遇到过一些谈吐文雅、颇有诗画修养的出家人，和他们交谈颇为投缘。自己何不去此类场所寻觅一番？也许可以有所收获。

第二天，华嵒就开始在杭州寻僧访道，希望遇到有学问的方外高人。但他考虑到自己只是一位普通民间画师，又是初到杭州，人生地不熟，到灵隐寺、天竺寺、大佛寺等这样的名刹古寺寻僧访道的机会自然渺茫。喜爱访幽探胜的华嵒将目标定在了一些偏僻的小寺庙与道观。我们可以从华嵒诗作中寻觅到他当年的身影。

《过龙庆庵》

野寺苍烟断，回桥小径通。
池光依案白，花影落幢红。
高阁梵音妙，幽龛色界空。
再聆清磬响，月在翠微中。

《笙鹤楼》

碧云堆里墨痕斜，
笙鹤横空羽士家。
镜展明湖千顷玉，
香生小院一林花。
石坛夜扫抟春雪，
仙灶晨开煮嫩茶。
我有闲情抛未得，
黄冠何日问丹砂？

当然，因为华嵒本身就“落笔吐辞，自少时便无尘埃气”（徐逢吉《离垢集》卷首题词），他更向往道士们诵《黄庭》《南华》，谈玄论道，后来就在深山密林之中开始了与道士们的交往。

《黄庭》是道教上清派的主要经书之一，主要讲养生修炼的原理。《南华》即《庄子》，是道教经典著作。

华嵒在位于凤山门内吴山山麓的紫阳山中认识了一位隐居于此修道的“和炼师”。华嵒在与他的交往中，曾经服过他炼制的“能够长生不老”的“大药”。后来华嵒写了一首诗赠给他：

《短歌赠和炼师》

紫阳山中有真人，出山入山骑猛虎。
披尘逐苍烟，蹑云升紫府。
仗剑摇寒星，吹气飘灵雨。
宇宙茫茫视劫灭，真人捏指驱神雷。
神雷轰轰九关开，长歌弄月归去来。
归卧仙山人不识，朝朝朝礼北斗北。
我过丹房扣上真，玄关窍妙通精神。
授我以大药，服之度千春。
悠悠终不老，许我同登三山岛。
我感真人制短歌，短歌不长当奈何？

一次，华嵒探访过一位在紫金山修炼的黄道士，辞别后仍恋恋不舍，于是赋诗一首寄给他：

《寄紫金山黄道士》

自别层城不记年，桃花落尽夕阳天。
曾无灵鸟传金字，可有痴龙种石田。
弱水流来千涧月，孤云飞去万峰烟。
遥知鹤发慵梳洗，一卷《黄庭》枕石眠。

与道士们的交往对年轻的华嵒影响很大。他甚至在梦中也会作"神仙游"，有两首诗为证：

《述梦》

寒声飒飒吟孤秋，天风吹梦来瀛洲。
萋迷半烟草，海月三山不可扫。
忽闻仙子下瑶阶，青桂枝边坠凤钗。

一杯饮我紫霞浆，不觉口齿生奇香。
笑指银河三万顷，西风吹浪白茫茫。
中无浮梁不敢渡，身跨白龙入烟雾。
回首沧溟半壁红，火轮挂在扶桑树。
归来还是江南人，眼中万类如飞尘。

《又梦游仙学玉溪生》

碧海蒙蒙卷暗尘，九枝灯下梦仙人。
依稀手接苍鸾驾，赠我瑶华一朵春。
……

对于曾经遭受精神打击且身处异乡、生活困顿的华嵒来说，也许习道士们的全真修行，可以使其压力得到一定的舒缓；和这些有文学素养的道士的交往，也历练了才思，学习修炼吐纳与作神仙游，有利于激发他的艺术灵感。更为重要的是，道家的清净无为思想，正是华嵒后来产生离垢思想的最早源头。华嵒一生始终保持着愿与道士交往、探究全真修行方法的热情。直至华嵒去世前约半年，还为友人端五师五十寿绘制了一幅《松阴道士图轴》。

当然，“好道谈玄”的华嵒仍然身怀中国传统知识分子“兼济天下”的人生理想，只是家庭的经济实力不允许他走读书应试的正途。后来华嵒有诗回忆这一段时光：“昔当壮岁血性豪，学书学剑云可恃。”他学书、学剑的目的是希望得到当道者的重用，能借此实现他的远大抱负，但命运不济，造化弄人，最终他还是未能得偿所愿。

忘年知交

在与道士的交往过程中，华嵒勤学苦读，虚心请教，时间不久，他的诗艺取得长足进步。腹有诗书气自华，华嵒整个人的精神气质也发生了微妙的变化。此时命运向他打开了一扇窗：他结识了一些同样好道谈玄、喜诵《黄庭》《南华》的杭州布衣文士。这些人当时都是中老年，大多清贫自守，他们成了华嵒的良师益友。

华嵒是如何与这些人物相识的，尚无史料可考。但可以肯定的是，来到杭州的当年，22岁的华嵒就结识了年长自己27岁的徐逢吉，后者又将这位小友介绍给吴石仓、蒋雪樵、沈方舟、陈懒园等。

徐逢吉、吴石仓、蒋雪樵、沈方舟、陈懒园均师承于明末清初杭州诗坛上非常重要的“西泠十子”，也就是陆圻、毛先舒、丁澎、柴绍炳、陈廷会、沈谦、吴百朋、张丹、孙治、虞黄昊这十位诗人，“故流派同，而交谊亦日以笃。”

徐逢吉（1655—1740），字紫山，一字子宁，号青蓑老渔。原名昌薇，字紫凝。钱塘诸生，喜交游，足迹半天下。其诗词“清微婉妙似宋人”，有《清波小志》《柳州清响》等传世。

吴石仓，名允嘉，字志上，仁和湖墅之耆宿。有《石甑山房集》《吴越顺存集》行世，曾辑《武林耆旧集》等。

蒋宏道，字宾侯，号雪樵，著有《五柳园稿》。厉鹗在《蒋雪樵诗序》中称其“吾里之孝子也。无禄实，托以医，尽其技以为养”，“家居无他嗜好，喜读书为诗以自适”。

沈用济，字方舟，钱塘人。少游京师，以诗受王尚书士正。继交梁吉士佩兰、陈布衣恭尹，同入广，遍探桂林、南海诸胜。既而道嵩、岱，涉崤、陇，逾潼关，走塞垣，历昌平、卢龙，医无间，往来西北尤久，故其诗得燕赵声居多。

陈煜，号懒园，厉鹗《懒园诗钞序》称其“眉宇敦括朴，有先民风气，无名利场嚣凌之习，及读其诗，则歌行排忧，仿佛嘉州、东川；五七言近体，亦在钱、刘之间”。

当时，华嵒与这些杭州布衣名士在年龄、学识与视野等方面都存在一定差距，但他们和善易交，乐于提携后进。华嵒为他们的风雅所浸染而心有戚戚，他的勤学苦练与进步也得到他们的赞赏。

但华嵒能够与这些长者相交、相契的根本原因还是基于共同的现实境遇、性情与兴趣爱好。他们都是淡泊名利、安贫乐道的底层文人；他们“日适吟咏”，以诗文、书画寄怀，潜心著述；他们喜谈道参禅，乐交嗜游。在长期的酬唱交往中，华嵒与他们建立了亦师亦友的关系。华嵒聪明、好学，不被清贫生活消磨掉志气，加上少年时代打下的基础，在这些饱学之士的指点与影响下，华嵒发奋读书，广涉典籍，诗书画艺均获得长足进步，这又进一步得到这些长者的认可与赏识，与他们成了终生的朋友。

在杭州，华嵒后来又陆续结识了厉鹗、金志章等友人，他们在诗文方面也对华嵒产生了影响。

仿习名家

杭州作为南宋的都城，一直以来是重要的文化汇集地。马远、夏圭、刘桦年以及蓝瑛、戴进等北宗画家皆出于杭，浙派绘画也在此盛行。明末清初，杭州经济繁荣，刺激了书画艺术品市场的发展，很多名画家到杭州售画。而且明末清初之际，皇家对书画的控制力减弱，大量宫廷书画流入民间，致使私家收藏十分兴盛。

和徐逢吉等人结识后，华喦在杭州的交游圈逐渐扩大，有了一定的知名度。在一些雅聚的场合，华喦有机会观赏到一些古今名画。他甚至结交了一些地方官员，可以观摩他们的收藏，从而大大开阔了眼界。

华喦经常沉浸于宋元明以及本朝各名家的笔墨、色彩、构图和意境中，废寝忘食地认真研习。像宋杭州画家马和之，元画家倪瓒，吴门诸家如唐寅，明末清初画家陈洪绶、恽寿平、石涛诸家甚至当时仍然在世的杭州老画师王树穀的作品，华喦都极力仿习。

康熙四十六年（1707年）夏日的一天，华喦正在住所琢磨王树穀的树石画法的技法特点时，友人周念修来访。

“秋岳兄，我最爱东坡居士诗，三十余年前我读到他的‘日啖荔枝三百颗，不辞长作岭南人’诗句，就想荔枝一定是果中佳品，才让东坡居士出此语。从此以后我就对它念念不忘，至今念想而不可得。岭南地处偏僻，我们很多吴越人一生都无法去一次。即便有机会去，也不一定适逢其时。我知道你们福建也产荔枝，能否烦请为我画一幅荔枝图？这样我一年四季就都可以拥有它了。”

“念修兄，你的话情趣深远，得雅人之深致，小弟敢不从命？那我就用我刚刚体味到的王树穀先生的笔法给你画一幅吧。我觉得他的笔法出自陈洪绶，得其清稳，但线条更流畅。”

随后，华嵒欣然为周念修画了一幅《啖荔图》。

虽然此时华嵒学习的名家不少，但他似乎对恽南田情有独钟。

恽寿平（1633—1690），原名格，字寿平，后改字正叔，号

南田，明末清初著名的书画家，常州画派的开山祖师，被后人称为“清六家”之一。其山水画上师王蒙、倪瓒等“元四家”及明代沈周、文徵明、唐寅等人；花鸟兼学黄筌、徐熙；书法兼褚遂良、米芾，均能融会贯通，自成格数。

当年恽寿平在抗清复明的梦想破灭之后，“抗志养亲，每至杭，必寓东园高云阁上，又尝自号东园生”。后来华嵒将自己的居所命名为小东园，他也以“东园生”为号，以表达对这位前辈的尊崇。

蒋雪樵与陈懒园的恩师、位列西泠十子之首的毛稚黄与恽南

《啖荔图》

田有着亲密的酬唱往来。因为这层原因，蒋雪樵、陈懒园较为了解恽南田的经历、艺术特色与艺术思想，平时谈论他的话题也较多，这些自然会影响到华喦。或许他们在华喦寻觅可供临摹仿习的恽南田真迹及《南田画跋》和《欧香馆集》等著作时提供过帮助，甚至可能给予指点。

当然，华喦与恽南田在气质、趣味等方面确有相似之处，因而他偏爱恽南田的画风。对于恽南田的一些艺术见解，如把“脱尽纵横习”“无意为文”“淡然天真”的高逸看作绘画美的最高境界，强调人品与画品的关系，要求画家“出入风雨，卷舒苍翠”，然后“走向造化于笔端”，对于学古人，主张“不相蹈袭”，有“变体”等，华喦也较易接受。

总之，本来就有绘画天赋和一定基础的华喦，在有着优美的湖光山色的杭州，不仅有大量的前人画迹可资摹习、借鉴，还有徐逢吉、吴石仓、蒋雪樵等友人的关心、指点与切磋，画艺进步明显。

新婚别

华喦刚到杭州时，画作几乎无人问津，对于客居他乡靠卖画为生的年轻人来说，这当然会造成很大压力，这种压力不光是精神上的，更现实的是经济上的。他当年的一首题为《寒夜吟》的短诗就发出“踯躅于田，安得缗钱”的感叹。这种贫穷的境遇和思乡的愁绪夹杂在一起，更加令年轻的画家难以排解。

几年后，华喦有了一定的名气，他的画作也好卖些了，逐渐有了一些积蓄，开始考虑成家了。

"六礼"指中国古代婚姻成立的六道手续。包括：纳采（男家请媒人提亲）；问名（男家请媒人问女方名字及出生时间）；纳吉（男家占卜并通知女家）；纳征（男家向女家送聘礼）；请期（男家选择婚期，求得女家同意）；亲迎（新郎亲至女家迎娶新娘）。

康熙四十七年（1708年），27岁的华嵒与蒋妍结婚。蒋妍是华嵒老友蒋雪樵的兄长蒋云樵的女儿。蒋雪樵隐居在吴山坊，华嵒多次往访，曾偶然在其家中见到蒋妍。蒋妍有着江南女子的娟秀，虽然是布衣家庭出身，但毕竟是读书人家，也略知诗书、音律。

之前友人们早就关心过华嵒的婚姻大事，但他都以"无以立业，何以成家"为由婉拒了他们的好意。这次当华嵒将自己的心思告诉徐逢吉时，徐逢吉非常高兴：

"是啊，你是该成个家了，毕竟年岁也不小了。蒋妍这姑娘不错，你的眼光还挺准的。我当然非常乐意给你当这个媒人，不过还是得先找雪樵先生说说。"

"那就有劳先生了。"

听到徐逢吉的来意，蒋雪樵也很高兴，他一直很赞赏华嵒这位青年才俊。在两位老友的撮合下，婚事就这样定下。虽然华嵒父亲已经去世，母亲又不在杭州，但是，古俗"六礼"

还是必须严格遵守的。有三叔丁五和老友们出面，华嵒轻松了许多。

婚后华嵒有了一位贤内助。看着穿着粗布衣服、精打细算地操持着家务的新婚妻子，华嵒心里美滋滋的。家庭生活减轻了华嵒对故乡的思念，他有了倾诉的对象，夜晚也不像以前那么孤单了。蒋妍善解人意。华嵒作画时，她会帮他铺纸、研墨、调制颜料。

婚后不久，一个机会摆在了华嵒的面前，江西巡抚朗廷极的幕府邀请他去当幕僚。

郎廷极（1663—1715），清代隶汉军镶黄旗，奉天广宁人，字紫衡，号北轩。他曾任福建按察使、浙江布政使，后擢江西巡抚，驻南昌。于康熙五十一年（1712年）二月任江西巡抚兼理两江事务。郎廷极能诗，工书画，酷爱书画收藏与鉴赏。

对华嵒而言，入幕不但可以结交朋友，扩大眼界，更重要的是，他希望借此得一进身之阶，伺机步入仕途，实现父亲的期望和自己的抱负。机会难得，华嵒于是告别了新婚不久的妻子，去了江西南昌。

朗廷极官声很好，凡是他曾经主政的地方皆有口碑。如，他在福建按察使任上，平反了不少冤假错案；任浙江布政使时组织修筑海塘，又为了尊重民间信仰，“义助济以罚锾，三郎庙险工成，建潮神祠于上”；在江西巡抚任上，在保甲制、稳定米价、文化教育、文化遗产保护与重建方面也做出很多政绩。华嵒对这位勤政爱民的能臣很钦佩。

朗廷极是喜爱吟诗作画的风雅之士，府中所藏名画佳品甚多，他也乐于与周边的人一起赏玩、切磋。康熙四十八年（1709年）的一天，他忽然来了闲情逸致，就让家人捧出其珍藏的元代倪瓒、王蒙合作的《古树竹石图》请众人欣赏。此画令华喦印象深刻，“其云石苍润，竹树秀野，精妙入微。由来二十年不能去怀”。

冷雨杂风来

华喦这次幕友生涯持续不到两年时间。朗廷极于康熙五十一年（1712年）二月由江西巡抚升任漕运总督后，十月死于任上。华喦也大概于此年内回到杭州。

回到家，刚过而立之年的华喦依旧苦读研艺，在汲取前辈画家之长并加以变通的艺术创新之路上不断取得进步，这是他重要的艺术积累阶段。

康熙五十三年（1714年）秋，华喦为右翁仿唐寅法作《溪山图扇页》；康熙五十四年（1715年）正月“戏仿白云外史用笔”作《仿恽寿平画册》12页；五月二十九日“抚元人笔法”为岳父云樵作《山水扇页》。这一年，华喦还创作了《仿宋元山水册》12帧。

此时华喦的绘画艺术已经被社会广泛认可，生活条件也有所好转。他把自己的书斋名为“静安斋”，希望过一种平静、安闲的生活。然而好景不长，大约在康熙五十四年，相濡以沫的妻子蒋妍病故。

婚后8年，华喦、蒋妍夫妻感情甚笃。他们曾经育有一子，但令人痛惜的是孩子很小就死了。幼子的早夭给了这对夫妻一记重击。蒋妍的死固然与过度操劳有关，但幼子的夭折对她的精神造成的刺激也是重要原因。

痛失爱妻对华嵒来说又是一个沉重的打击。华嵒的悲痛可想而知，即便是晴日，他也感觉家中“寒瓦凝霜气，酸风四壁穿”，看不见妻子，他无心做任何事，只是借酒消愁。情不自禁地，他拿起纸笔，“试将红粉调清雨”，描画起当年蒋妍出嫁时的样子，恍惚中不知真耶幻耶：“眉纤淡扫，发密匀钩。华冠端整，左右金镠。翠雨珠烟沃凤头，阑珊衿带约春愁。丛铃杂佩，参差相对。绫袜深藏，寒香散地。蛱蝶为裙，疑水疑云。”（《为亡妇追写小景因制长歌言怀》）

但是无论华嵒如何“用意点双眸”，也只是“泪眼模糊隔春雾”，他再也听不见爱妻的声音了，不禁发出“天长地久情还在，不许鸳鸯有断群”的哀鸣。

妻子亡故，使得华嵒又恢复了婚前“夜堂春不到，冷雨杂风来”的孤独生活。他本来已把清静、安适定为自己对生活的追求，但妻子早逝将他的生活理想粉碎了，杭州也成了伤心之地。

丧妻之后很长一段时间，悲痛中的华嵒常常需要卧床休养，根本无法集中精力创作。随着时间慢慢过去，再加上友人们的劝慰，华嵒的伤痛略微纾解。秋天，华嵒身体大为好转。一天，徐紫山、吴石仓陪伴华嵒到石笋峰观秋色。华嵒拄着杖，拖着疲弱的身体来到峰顶，望着萧瑟的秋色，眼中透露出凄凉与忧伤，吟出“花幢飘素影，木叶响寒秋”的哀音。

妻子的去世，令孤独的华嵒格外思念故乡的亲人。“沙路归来，春江暮矣。无数打鱼船，都在绿波里。白鸟一双洲畔去，海月半轮江上起。荒村有客听落花，野渡无人看流水。水风猎猎过蒲塘，草色青青非我乡。我望乡，乡何处？隔春烟，渺春雾。此时闲坐绿窗前，梅子累累不知数。”（《沙路归来》）傍晚从江边游罢走回家的路上，华嵒望着满地的落红，那种孤独寂寞以及对故乡亲人的思念之情如江潮般向他涌来。

第三章

进京谋仕

在提高画艺的过程中，华喦也有一个“以画致仕”的梦想。他得到一位权势者的推荐，来到京师，得到康熙皇帝特旨召试宫廷画家的机会，被授予县丞的官衔，但是等了很久也没有实授，于是他仍旧回家赋诗作画，与朋友们相互酬唱，从此淡了做官之心。

考授县丞

康熙五十六年（1717年）春，华嵒仍然思念着爱妻，尤其是在家中一人独处时尤为浓烈："半幅罗衾不肯温，一灯常自对黄昏。紫鸾去后从无梦，春雨萧萧独掩门。"（《春愁诗》）晓来拥被吟雨诗，诗成字字长相思。"（《春吟诗》）但他也明白，死者长已矣，生活还是要继续。华嵒开始更多地走出去。一天，华嵒去拜访家住在西湖南侧学士巷口的徐逢吉，未果。他作诗一首表达心情："晓越城西陌，湖风吹客颜。苍苍烟水窟，小小雨花关。鸡犬寒梅外，琴书深竹间。徘徊不敢问，独对南屏山。"（《春日过紫山草堂不值》）重新拿起笔的华嵒陆续创作了《联镳射雁图轴》《江干游赏图轴》《山水册》等作品。华嵒还画了一幅《苍苔古树图》投赠挚友金志章的东家前御史龚翔麟。

龚翔麟（1658—1733），字天石，号蘅圃，又号稼村，晚号田居。康熙二十年中顺天乡试乙榜，由工部主事累迁御史，有直声，康熙四十三年罢归。工词，与朱彝尊等合称"浙西六家"，著有《田居诗稿》《红藕庄词》。

成为宫廷画师是明清画家特别是清代画家退而求其次的仕途选择，和读"圣贤书"一样，作画也能出人头地。比如，当年受康熙垂青的"四王"大多位居高官，有的荫袭奉常，有的出任太守，有的官至侍郎。当时不少名画家如王原祁、禹之鼎、陈枚、丁观鹏、唐岱等都曾供奉内廷。

此外，官员也会向朝廷推荐画师。余省、余穉兄弟曾经寓居于户部尚书兼内务府大臣海望家作画20余年，兄弟俩能够入宫供职，与海望的推荐有关；王岑在京师时与大臣张照、董邦达、张若霭等均有交往，最后他由刑部侍郎励宗万推荐，进入宫廷作画；袁锳由户部侍郎李因培推荐入宫，供奉内廷20余年；陈士俊在京师时与刑部尚书张照、礼部尚书张若霭交往，后来经张若霭推荐，成为宫廷画师。不过，被推荐者仍要通过考试选拔。

同样，华嵒心中一直有“以画致仕”的梦想。为了实现梦想，1717年华嵒北上京师。

据《闽汀华氏族谱》记载，华嵒到了北京后，结识了当时一位权重位高的“当路巨公”，在他的推荐下，华嵒得到康熙皇帝特旨召试的机会。

华嵒是如何结识这位“当路巨公”并得到他的赏识的？查《离垢集》，华嵒只有在1719年，也就是在他这次进京考试两年后，曾经应时任通政司右通政陈允恭之邀赴山阴雅集。

陈允恭（1663—1724），字无逸，又字南麓，号六观，绍兴山阴县人，康熙十六年丁卯科举人，康熙三十三年甲戌科进士，官至翰林院编修左佥都御史。华嵒进京时，陈允恭担任的通政司右通政职位为正四品，主要受理内外章疏和臣民密封申诉之件，有与皇帝直接接触的机会。

华嵒能够与陈允恭结识，有可能是与其好友金志章有关。

金志章，字绘卣，别号江声，初名士奇，字道园，钱塘人。工诗，与杭世骏、厉鹗齐名，有《江声草堂诗集》。

金志章中举前长期在龚翔麟家担任塾师。龚家多藏书，遂得以尽读。金志章还有机会与主人共游奇山异水，在一起赋咏唱酬。清康熙中，龚翔麟以兵部主事之衔赴广东掌管关税，金志章曾随同龚氏一起往游粤地多年。

考虑到金志章与龚翔麟的密切关系，他可能将好友华嵒介绍给了龚翔麟，华嵒才有向龚翔麟投赠书画之举。华嵒的才华得到龚翔麟的赏识，后者再将他引荐给了与之有着共同兴趣爱好、曾经在都察院共事过的同乡陈允恭。

于是，华嵒水陆兼程北上。秋九月，华嵒经过都门，晚上住在客店里，望着明月，情不自禁地思念起故乡的老母亲。因为父亲已去世，近年来大哥、三弟也到苏州谋生，家乡只剩下老母亲一人，这让孝顺的华嵒寝食难安。他暗暗发誓：如果这次得偿夙愿，一定衣锦还乡，将母亲接到身边安享晚年。

经过一个多月的旅途劳顿，华嵒终于抵达京城。由于有龚翔麟的介绍，华嵒见到了陈允恭。陈允恭对华嵒的诗、画才能也非常赏识，在他的引荐下，华嵒得到了参加康熙招考宫廷画家特试的机会。

经过紧张的准备和考试，华嵒终于等到了结果。他被授予一个“县丞”的官衔，而且被列为优等。这令他感到高兴，毕竟也算是在吏部注册，有了功名。但这“县丞”只是一个虚衔，并未实授。华嵒心想，与其在京城等待实授的机会，不如先去名山大川游历一番，开阔视野，增长见识。

壮游五岳

离开京城后，喜好远游的华嵒决定先不回杭州，而是去五岳名山畅游一番。毕竟妻子刚刚去世，他不愿看到自己那个令人心痛的家。加之，借此机会游历名山大川，也不失为一件放松疲惫身心的快事。

这次远游，华嵒也是为了实现一个夙愿。华嵒的友人中，徐紫山、金志章、沈方舟等都是喜爱远游、“足迹半天下”之人，他们所描述的壮丽山河令华嵒极为神往，如沈方舟的塞外壮游经历使得他的诗风刚劲豪迈，诗境益高。

每次华嵒听到友人讲述远游的经历与感想时，脸上总是显露出钦羡和向往之情。在这种情绪感染下，年轻的华嵒完全凭着丰富的想象，写出塞外题材的诗作：

《塞外曲》

朔风大地吹烟沙，马蹄腾空白日斜。
天山无草木，长寒雪作花。
雪花飘来大如斗，羌儿暮猎天山走。
长箭在壶弓在手，画角乌乌不离口。
古战场边鬼昼啼，嘤嘤如在刀头栖。
刀头明月照雕鞍，壮士悲秋征衣寒。
征衣寒，摧心肝。

像沈方舟当年一样，华嵒也选择了中岳嵩山作为五岳之游第一站：

《嵩山》

巍巍大室近天门，位镇中央体独尊。
洞壑风雷时出没，楼台紫翠自朝昏。
三花不畏霜兼雪，四岳常如弟与昆。
林外似闻呼万岁，六龙飞处百灵奔。

嵩山位于河南省西部，在五岳之中处于中心地位。嵩山那位镇中央、唯我独尊的气势与风范令华嵒神往。“山川在仙人洞壑幽”，喜欢寻僧访道，向往修真、游仙生活的华嵒自然会联想到洞穴中隐居修道的神仙。嵩山东峰有海拔1440米的太室山，汉武帝曾经在此祭祀，华嵒情不自禁地记下了当年的传说。嵩山的风骨，激发了经历过挫折的华嵒的意志。平生多傲骨的华嵒，希望像嵩山一样，不畏打击，历经磨炼越挫越勇。

嵩山之行令华嵒念念不忘。远游回到杭州后，华嵒还特意刻了一枚“志在嵩山洛水”的闲章。

离开河南后，华嵒沿着黄河向西，到了位于陕西境内的西岳华山。“五千余仞削空青”的华山，号称“天下险”。华山是道家圣地，道家仙学视鹤为神仙的化身，华嵒吟出“鸾鹤声中朝玉女，烟香影里见明星”“别有真仙在深谷，石床酣卧未曾醒”的诗句。华嵒先后攀上千尺幢、百尺峡、云台峰、玉女峰，最终站在华山绝顶处。望着脚下此时已经如柔顺、文静的处子的黄河，他不禁心胸廓然，顿有所悟：“东流一线黄河细，西极千秋白帝灵。”华嵒联想到，只要在艺术道路上不断求索，最终必然有豁然开朗的一天。

接着华嵒又北向而行探访北岳恒山。雨季的唐峪河浊浪排空，十分壮观，他被这奔腾呼啸的壮美气势所震撼，发出“几回策马闲凝伫，滚滚河声入塞流”的惊叹。“风沙飒尔神灵降”，恐怕也只有仙人才会有这样的强大力量。而人生却如草木一秋，是多么的渺小！但“北岳玄泉不可求”，长生不老何其难也！只有悟透人生，才会坦然接受，心情宁静。

离开恒山后，华嵒又假道陕西、四川、河北等地，到达位于湖南的南岳衡山。据《太上求仙定录尺素真诀玉文》《上清众经诸真圣秘》等道经记载：“南岳君讳祝昌，南岳衡山君，姓讳洋光，头建八朗宝光玉冠，衣赤锦飞裙，披神光绯文之表，带封灵制魔之章，乘赤霞飞轮。”南岳大帝的传说令华嵒神往：“衡山九面赤霞蒸”“万古离宫养真火”；衡山的奇景也吸引着华嵒：“一条瀑布挂寒冰”“七十二峰云雾里”，位于衡山紫盖峰下的瀑布寒冷彻骨，七十二峰云雾蒸腾给华嵒无尽的联想。

恋恋不舍地离开衡山后，华嵒最后来到位于山东的泰山。华嵒穿过朝阳洞，来到对松山前，“松门雨过龙鳞湿”，松树青翠欲滴。他通过“曲蹬十八盘”的石阶，登上南天门。“碧霞宫殿倚巑岏”，高俊、耸立的碧霞宫位于泰山之巅，宫中供奉着道家的碧霞元君。进香后，华嵒就在山上等待着欣赏明日的日出，“夜半鸡鸣初日上，俯看沧海一杯宽”，他的心胸顿为豁然。

这次壮游对于华嵒来说是一次心志之旅。在行走与吟咏过程中，饱览了山川秀色的华嵒胸襟更开阔。通过身临其境体验，他的眼界和艺术修养得到提高。后来他的很多作品，如雍正八年（1730年）所作的《泰岱云海图》，就是取自他的这次亲身风景体验，可列为壮游的收获之一。

越中之游

约康熙五十八年（1719年）春天，风尘仆仆的华嵒再到京师，他从吏部得知，自己仍未进入这年的铨选名单。此时，陈允恭也已离京返杭，于是华嵒决定回家。

华嵒回杭州后，与老友们久别重逢，彼此甚是欣喜。吴石仓告诉华嵒，他与蓝瑛、章谷、谢彬等6位画家被列入钱塘县知县魏荡新纂修的《钱塘县志》，且给了他“工人物、山水，能诗，善书，人称三绝”的高度评价。得此消息，还沉浸在壮游的豪情之中的华嵒很高兴。不过他对县志把自己纳入“方伎”一类，还是有些不快，正如他后来告诫弟子张四教时所言：“画，艺也，艺成则贱，必先有立乎其贵者，乃贱之而不得。”这更加坚定了华嵒通过刻苦读书，以博识、修品，成为一代宗师的决心。

华嵒继续过着赋诗绘画、与朋

铨选是古代的选官制度。唐代开始，除最高级职官由皇帝任命外，一般由吏部按规定选补某种官缺。唐以后，一般为集吏考试量人授官。清中叶后，铨选分为外补与部选两种途径。

友们相互酬唱的生活，虽然他“入仕”之念仍存，但他也明白希望不大，心境反而平静多了。

在这种闲适从容之中，华嵒创作了一幅《山鼯啄栗图轴》。整个画面景物造型以及笔势给人以飘脱之感，画面对象造型精确，笔墨秀逸。这种韵味后来逐渐发展成华嵒花鸟画的主流风格。他用细腻的笔法来绘制山鼯的绒毛，栗树以托笔施以干湿不同的笔法来刻画，把树的弯曲走势、干枯质感画得十分真实；枝干上残缺不齐的叶子，点墨成形，用深墨色勾勒叶筋，有明代周之冕“钩花点叶、工写结合”的特点。此图题诗

《山鼯啄栗图轴》

为恽寿平《晓行深谷》，栗树画法也借鉴了恽氏的古木画法，说明华嵒已经掌握了恽寿平的“唯极似乃能不似”的造型能力和没骨技法。

这年秋天，陈允恭邀请龚翔麟、金志章、沈方舟、华嵒等一批文人雅士赴越中，到他新筑的北园诗酒宴集，并游览禹陵、南镇、曹山诸胜。华嵒早就倾慕越中山水了，这次有幸受到对自己有知遇、举荐之恩的陈允恭邀请“陪诸君子渡江造胜”，机会颇难得。

陈允恭的北园位于浙江绍兴县北的下方山麓。客人们安顿下来后，主人为他们接风洗尘。接下来的数日，在主人陪同下，大家一一参观园中的各个景点：二如庄、满秀轩、六宜楼、欣遇堂、空明榭、染罗池、蓄雨岩、坐夏湾、唤鱼亭、佛耳泉、莲花峰、灵剑石等，大家不时发出赞叹之声。赏此美景，大家少不了吟咏诗文，如金志章就以“露凝无游氛，天高风景澈”为韵作诗十首。但华嵒除了为陈允恭绘制了一幅《北园图》，没有现场吟诗。在陈允恭、龚翔麟等人面前，他还是有点拘谨。

游完北园，热情的陈允恭又陪伴客人们前往禹陵、南镇、曹山游览。此次出游让华嵒大饱眼福。

“游罢诸山归，舟载风雨薄”，大家告别了陈允恭乘船回家。沈方舟看华嵒孤身一人，就邀请他到自己家里小住几日。在沈方舟的亭园之中，华嵒将这次游览越中山水时心中酝酿好的诗句誊抄下来：

《陈氏北园》

削地栽新竹，环山筑短墙。千花闲里放，一壑静中香。

江海通窗牖，乾坤寄草堂。俯窥尘土界，风日尽荒荒。

名贤方小憩，高卧竹楼秋。书卷床头满，琴声月下流。
新醅招客饮，野菊带霜收。风雅谁堪匹，山公或可俦。

《禹陵》

一石存遗庙，千峰远近环。龙蛇盘古穴，松柏护空山。
德化蛮荒外，功垂宇宙间。圣朝勤祀典，星使未曾闲。

《南镇》

自古神栖地，长松大十围。龙文辉庙壁，山翠泼人衣。
一柱炉峰秀，千秋云气飞。我来瞻拜毕，归路淡斜晖。

《曹山》

爱此澄潭僻，鱼多水不腥。客来尘外坐，舟入镜中停。
竹径藏秋响，云严滴古青，了无车马迹，苔色上茅亭。

这些诗没有什么歌功颂德、阿谀奉承之语，几乎全是华嵒的乐山乐水之真实情感的流露，很能反映他的一贯性格与做派。

这次畅游，陈氏北园的田园气息、越中清幽的青山秀水使华嵒流连，拨动了他的情思，也熏染了他儒雅的气质。

津门水西庄

约康熙五十八年（1719年）初，为了能够得到实授的官职，实现自己的抱负，华嵒再次进京。但是吏部“人随岁积”，待选人太多，华嵒不是靠科举正途出身，所以此次到吏部他得到的自然仍是失望的消息。

华嵒原打算在北京这个政治文化中心一边售画，一边等待补缺机会，但他去艺术品市场了解后，变得更加心灰意冷：“吾闻之先生薄游日下，落落寡合，有如少陵所云‘冠盖满京华，斯人独憔悴’者。”（《离垢集补钞·序》）“华秋岳自奇其画，游京师无问者。一日有售赝画者，其裹华笔也，华见而太息出都”（戴熙《习苦斋画絮》）。华嵒想不到自己精心绘制的作品被售卖假画的商人当作装裹的废纸，大失所望。究其原因，传统的文艺观念在京城根深蒂固，画风以仿古为主，华嵒的画不符合权贵的审美标准。

这次挫折对华嵒打击很大，他开始重新审视未来，最终决定离京南返。

途中，经过地当南北要冲之天津时，华嵒顺道造访了当时蜚声南北的水西庄。

水西庄由查日干、查为仁父子修建，它是清代私家园林建筑史上浓墨重彩的一笔，在清代文化史上也具有重要地位。

查日干（1667—1741），字天行，号惕人，又号慕园。其祖籍浙江海宁，于康熙年间来津，后成为富甲一方的大盐商。其长子查为仁（1694—1749），又名成苏，字心谷，号蔗塘，又号莲坡、花海翁、花影庵主人、澹宜居士，庠生，一生未仕。

康熙五十年（1711年）辛卯科顺天乡试，19岁的查为仁高中第一，但厄运就此降临，他被劾考试舞弊，在死囚牢关押8年后获释。此段狱中经历对于此后查为仁的人生走向产生了关键性影响，他再也无心功名仕进。他在天津城西找了一块地，此处“三面环抱大河，南距孔道半里许，其间榆槐柽柳，望之蔚郁”，父子在此“垒石为山，疏土为池，斧白木为屋，周遭缭以短垣，因地布置，不加丹垩，有堂有亭，有楼有台，有桥有舟。其间姹花裊竹，延荣接姿，历春绵冬，颇宜觞咏。营构既成，以在卫河之西，名曰水西庄”。

水西庄不仅风景好，“亭台映发，池沼萦抱，竹木荫芘于檐阿，花卉缤纷于阶砌，其高可以眺，其卑可以憩也。津门之胜，于是乎毕揽于几席矣”，且“法物图书、金石彝器贮藏极多”，查家在此广交名士，吟诗作画，切磋学问，“各地举子名士，一刺之投，无不延纳”。清代诗人袁枚在《随园诗话》中称：“升平日久，海内殷富，商人士大夫慕古人顾阿瑛、徐良夫之风，蓄积书史，广开坛坫。扬州有马氏秋玉之玲珑山馆，天津有查氏心谷之水西庄，杭州有赵氏公千之小山堂、吴氏尺凫之瓶花斋，名流宴咏，殆无虚日”，可见其当年盛景。

华嵒本来只是慕名进行礼节性拜访，但查为仁殷勤好客，使得他毫无拘束感。华嵒与谈吐风流、擅长诗词歌赋的主人接触，也有很多共同语言。当听说查为仁正准备请人绘制一长约数丈的巨幅画卷装饰庄上的回廊时，为了感谢主人的款待，原本打算短暂停留的华嵒主动请缨。他“领异标新，穷神尽变”，跨年方才完成了一幅长约4丈、高约4尺的绢本花鸟虫鱼大卷。其作构图奇逸瑰丽，笔墨生动多姿，笔致媚而不妖，令查为仁赞赏不已。

第四章

闲居钱塘

华喦回到杭州后，愈发表现出回归自然、不愿与俗人为伍的态度。他再度成婚，并开始去扬州售画养家，在此过程中结识了“扬州画派”的一些主要画家。他与新朋旧友惬意交往，既获得了灵感，也进一步提高了技艺。

厉鹗题词

华嵒在杭州继续过着闲居日子。好友厉鹗在华嵒的一幅自画小像上题的《高阳台——题华秋岳横琴小像》词，实可作刚壮游归来的华嵒之贴切写照：

剑气横秋，诗肠涤雪，风尘湖海年年。三径归来，慵将身世兆天。草堂不着，樱桃寄梦，疏狂菊涧梅边。想清游，如此须眉，如此山川。

枯桐在膝，冰徽冷纵，一弦虽设，亦似无弦。世外音希，更求何处成连？几时与子苏堤去采花，小艇衔烟。笑平生忘了心机，合伴鸥眠。

厉鹗（1692—1752），浙江钱塘人，字太鸿，一字雄飞，号樊榭。幼贫力学，康熙五十年（1711年）中举。诗词皆工，诗品清高，为浙派名家。在诗文、学术方面造诣精深，名闻于时，著有《辽史拾遗》《樊榭山房集》《南宋院画录》等。

厉鹗比华嵒小10岁，两人来往密切。除了这次题华嵒小像，厉鹗还为华嵒《松月图》题词一首："查牙老树，记得何年遇。攒出翠针千百，是妙手、新裁处。过雨，凉月吐，纷纷清影舞。孤鹤不成秋睡，又翻下，半空露。"后来他又为华嵒的《浴鹅图》《浴鹤图》两图各题了一首词。华嵒诗集《离垢集》编成后，厉鹗为之题跋。华嵒也曾应厉鹗所请为之绘制《西溪筑居图》并题诗。

因上杭古属汀州，而汀州有古县名新罗。此次回杭州后，华喦给自己起了个“新罗山人”的别号，以此表示自己“不忘桑梓”。康熙六十年（1721年）端午节那天，华喦在其所绘的《钟馗聆曲图》上首次用了这个别号，以寄托对故土的怀念。

回杭州后，华喦孑然一身，形影相吊。他思念起与蒋妍在一起的温馨生活，忆起与她“天长地久情还在，不是鸳鸯有断群”的海誓山盟。华喦就想与蒋云樵再续翁婿之缘，于是想起了徐逢吉。

当时徐逢吉正在岭南远游。

厉鹗曾在《樊榭山房文集·懒园诗钞序》中有言：

> 往时，吾杭言诗者，必推西泠十子。十子之诗，皆能自为唐诗者也。承其学者：吴丈志上、徐丈紫山师张先生秦亭，蒋丈静山雪樵、陈丈懒园师毛先生稚黄，沈丈方舟独师岭南五子，而说亦与十子合。

由于这种师承关系，徐逢吉等西泠十子传人与岭南诗人时常往来。这次徐逢吉正在岭南寻师访友。

华喦写了一首七绝寄给徐逢吉，欲请老友再次做媒：

> 焦桐鼓罢想离鸾，四壁灯青韵未干。
> 莫使孤弦长寂寞，满帘湘水压栏干。

徐逢吉明白小友之意，立即回杭。他和蒋雪樵找到了蒋云樵。蒋云樵知道华喦重情重义，他们翁婿之间感情也一直很好，就答应将小女蒋媛嫁给他。不久，华喦续娶蒋媛为妻。夫妻育有两子（华礼、华浚）和一女。

草堂赠别

华嵒与金志章相识于何时已无法考证，不过《离垢集》提供了一些两人交往的信息。如，卷一有《六宜楼听雨同金江声作》：

烟水苍茫浦溆明，隔江遥见野云生。
诗成尽日垂帘坐，万竹楼头听雨声。

陈允恭山阴之北园内有六宜楼，大概这首诗作于华嵒与金志章参加上次陈氏北园雅集之时，因逢雨天，他们在屋内作诗遣兴。

康熙六十一年（1722年）暮春，由于离来年的癸卯科乡试时间已经不多，金江声回家中江声草堂做准备。

江声草堂临钱塘江而建，能够听到江流之声，故草堂以“江声”命名。金志章家境贫寒，所以这处“草堂”是名实相符的草舍。然而草堂的主人安贫乐道，乐交好客。他每次回家，文友们都会来此相聚。

这一天朋友们来到草堂为金江声送行，有厉鹗、翟晴江、周西隒、吴宝崖、项霜田、苏月槎等，当然少不了华嵒。“谈笑有鸿儒”，免不了依依不舍之情；话别之余，更少不了听风，看江，弹琴，对弈，吟诗作赋。

这时有人提起：“江声兄这一别，就不知我们何时有机会于此相聚了。今日何不请丹青妙手将此草堂绘下以作纪念呢？”

“这里属秋岳兄水平最高了，他是人物、树石、花鸟无不擅长。”

中国画技法中，勾勒是指用线条画出轮廓；渍染是指先用干笔画上色块，再用水笔趁湿点染，破开原有的色彩；皴是指用淡干墨侧笔而画，以显示山石的纹理和阴阳面。

接受了嘱托，华嵒先是静静地构思了一番，然后就运笔作画。大家只看他勾、勒、点、拂，一会儿草屋勾勒成形；再水墨渍染成石，以浓淡不同的水墨渍染成石的凹凸，后又以枯笔皴擦。寥寥几笔再勾画皴染出树木和烟云。终于，一幅《江声草堂图》展现在众人眼前。

大家纷纷称赞：

“此图有云林、南田的风韵！”

“不过，我看这水色比南田先生的画法更为大胆。”

这时，金志章开口了：

“太鸿兄，你可是浙派诗词的翘楚，可否在秋岳兄此图上补题一首？”

“好吧。那我就即兴发挥，口占一首给大家助兴，也祝江声兄金榜题名。”

诗思敏捷的厉鹗不一会就郎朗念出一首长篇歌行：

江声主人江上住，

范村西去缘江路。

草堂仿佛木香村，竹屿依稀铁炉步。
门前江色晴黏天，屋角岚霏昼摇树。
柳絮着水鱼正肥，花片入帘燕新乳。
主人急装将远游，风光似此盍少留。
尘中知己苦寂寂，邹生枚叟徒沉浮。
为言频年役衣食，人生识字宁无忧。
有田十双我将老，息壤在彼盟诸鸥。
华君秋岳今倪瓒，下笔烟云互凌乱。
归来旧径在眼中，隔浦低桥青不断。
贫无送子双玉瓶，展画吟诗反复看。
他时相约力着书，钓石犹堪置柔翰。

题罢，朋友们纷纷上前品赏，大家夸赞这首诗写景活灵活现，特别是“柳絮着水”形容贴切而又不留痕迹。整首诗与画作浑然一体，真是“画中有诗，诗中有画”。最后，大家一一在画卷上题诗留跋。

厉鹗的诗除了真切细腻地记录了《江声草堂图》产生的全过程，也对华嵒的画大加赞赏，并相互勉励：即使不能在仕途上有所作为，也可以在艺术的道路上大展身手，开宗立派，青史留名。

第二年，也就是雍正元年（1723年），金志章应试中举，逐步走上宦途。而华嵒决断仕途的想法更加坚定了。正如他于雍正二年（1724年）所作《山水图轴》上题写的诗句所描绘的那样：“青霜染就一林红，秋水云山古木中。买得渔舟且垂钓，寒江薄暮听归鸿。”

敬造石仓小像

康熙六十年（1721年），吴石仓65岁。

在华嵒眼里，嗜学好古的吴石仓一副仙风道骨的模样：

山人惟好道，自制芙蓉裳。
小醉三杯酒，间熏一炷香。
花开经雨雪，鹤下说沧桑。
试问长生术，抛书卧石床。

（《赠吴石仓》）

吴石仓雅爱各种山经舆志、墓碣家乘以及百家小说残丛诸书等。他将这些珍贵的书籍用他那醇古的楷书抄写下来。这两年他一直在撰述《武林耆旧集》，这本书收入了自汉到明的很多史料。

四月的一天，吴石仓终于完成了《武林耆旧集》的撰述工作，这可花了他不少心血。老人很高兴，迫不及待要与友人分享这份喜悦。

这天，天气晴好，徐紫山、华嵒、厉鹗、吴焯等好友们来到吴石仓家祝贺。

吴石仓家有几间茅屋，前面一个用竹篱围起来的小院，里面种着菊、竹子、木槿等花木，还有一个亭子，亭子里有一张石桌、数个石凳。院子外面传来的鸡鸣和犬吠给这里增添了几许宁静与优雅。

友人们陆续走进吴石仓的小院。等所有人到齐了，吴石仓就让书童将20多册的《武林耆旧集》捧出来。大家翻看着这些还散

发着墨香的书籍，对他更加敬重了。

这时吴石仓叫家人端上泡好的新茶，大家就一边品茗一边说着话。有的聊着最近文坛上的趣闻，有的谈自己的写诗心得，华嵒则一边品着茶的清香，一边听着徐逢吉和厉鹗的广征博引。等大家稍微停下来的时候，华嵒拿出他前几天画的石仓小像：

“石仓先生，这是我为您老画的像。我是拟老莲前辈意，用了马和之的一些技法，即兴给您老画的。”

“太妙了。”吴石仓连连说好。

这时所有的人都围了过来。大家纷纷评论起来。

“确实有马和之的味道。你们看这线条的粗细对比和起伏多么具有他的‘兰叶描’的特点。”

“是啊。关键是石仓先生被画得多么形神兼备。你看先生坐于树荫下，手持如意，身着道袍，足蹬皂履，那随意潇洒的姿态，多么传神呀！”

这时，厉鹗高声诵读起华嵒在画像上的题诗：

昨来天气清，杲日明山户。展幅发霜毫，为君扫眉宇。
先生近七十，白发满头出。老去尤能勤，着书无间日。
粗粗大布袍，秀骨也相称。抑膝向高天，悠然多逸兴。
空处白翻翻，冷云飞渐起。两株石上松，合罩秋潭水。

“秋岳，你真是不愧于‘三绝’的美誉啊。你看，这笔法外柔内刚，圆润遒丽，多有异趣。还有这五言古诗句，将石仓先生的风姿勾勒得多么脱俗，简直就像画一样。”徐逢吉夸奖道。

“能否请诸位在上面题写几句？”吴石仓请求道。

于是，大家开始一一在裱边上题写。厉鹗的题诗是：“我识石仓叟，长身比鹤癯。青衫旧名士，白发老潜夫。城市看花入，溪山载笔俱。襄阳刁凿齿，著述近来无？”

吴石仓一一向大家道谢。

这一年，华嵒在寻求艺术真谛的道路上并没有驻足不前。他创作了《山水人物花卉册》12帧、《山水册》8帧，又有《牧童图》横幅和《竹菊图轴》等作品。其中《山水人物花卉册》中的其三为设色画山水，题曰：“少有道气，终与俗违。乱山乔木，碧苔芳晖。”诗句出自司空图《二十四诗品》：“少有道契，终与俗违。乱山乔木，碧苔芳晖。诵之思之，其声愈希。”华嵒把“契”改为“气”，张大千晚年的作品中多次出现华嵒题写的这几句诗。其四为设色画人物，华嵒题曰：“好放春牛过岭西，绿坡烟暗草萋萋。东风或趁杨花起，娇鸟一声枝上啼。”华嵒回忆起自己年少时与大自然的亲密接触，道出他对大自然的陶醉之情。这些题诗实际上正反映出华嵒越来越浓厚的回归自然、不愿与俗人为伍的心境，也是他“离垢”“解弢”思想的诗意表达。

扬州初鬻画

康熙末至雍正初，江淮严重的水灾导致杭州经济衰退，售画不易。华嵒收入锐减，过着“闲共妻孥饮粥糜，茹盘瓜果熙清肥”的生活。

因为对艰苦生活感同身受，华嵒很关心民生疾苦。他写诗寄给好友金江声，告知对方家乡的灾情：“且说秋收罕有成，菱僵橘癞芋头粳。稀逢苦菜来登市，哪见新棉卖入城？米价渐腾盐价

起，晚潮不退早潮生。闲窗检点家乡事，抄上藤笺寄阿兄。”华嵒将百姓艰苦生活描绘得这么具体，应该是有一点提醒友人多关心民生的意思吧。

雍正元年（1723年）金志章中举后，进士却屡试不中。后经人推选才以举人资格出仕，授内阁中书，七品官。乾隆元年（1736年）晋升为内阁侍读，从四品。乾隆四年（1739年）由内阁侍读改调“直隶整饬兵备口北道”。他任口北道满4年，勤政、清廉，政绩和民声都不错。

虽然华嵒能够避苦求乐，以苦为乐：“贫家自有真风味，富贵之人哪得知？但使心地恒快适，何用甘鲜黏牙齿？”不过一家人基本生活还是要有保障的，孩子教育开销也不小。雍正二年（1724年），时年43岁的华嵒初次去扬州售画。

扬州人自古崇尚书画艺术，当地民谚“堂前无字画，不是旧人家”，“旧人家”是指有尚文崇雅传统的人家。在居室的正厅（中堂）位置悬挂中堂画能展示主人的高雅情怀和文化素养。盐商聚集扬州，带来了扬州经济文化的空前繁荣。众多的巨商大贾，乃至小商小贩，为吸引顾客，便托名风雅，不惜重金求购书画名家的字画联匾，张挂于自己的厅堂、店铺，装点门面。扬州经济的快速增长、文化氛围的日益浓厚、书画需求量的不断增加，使得各地文人、画家陆续流寓扬州。据乾隆末年成书的《扬州画舫录》记载，雍正年间先后居住在扬州的画家达80多人。像华嵒一样，郑燮、金农、罗聘、李方膺、黄慎、汪士慎、陈撰、边寿民等被视为“扬州画派”代表性的画家，均在本时期侨居扬州。他们的到来，进一步推动了这里绘画艺术的商品化。

当时扬州民谣云："金脸银花卉（人物画），要讨饭画山水"，为了谋生，华嵒自然要关注市场的需求。他画了很多受扬州市场欢迎的诸如隐士、仙道、仕女题材的作品。他的人物画得意于陈洪绶等名家，自成一种减笔画法，形象有所夸张而又不变形；线条似马和之的"兰叶描"，简练柔劲，不失形似而更重神似，不仅个性鲜明，而且富有意境。但华嵒并未一味迎合市场，而是在遵从求索者意愿的同时兼顾本人旨趣，所以这些作品均有着华嵒生活的痕迹、性情的寄托，他是用艺术表达自己对人生的感慨与态度。

为此次扬州卖画，雍正二年华嵒创作了《宋儒诗意图》《田诰构思图轴》《褚伯玉隐居图轴》《郑玄诫子

《田诰构思图轴》

图轴》《五老图》《八仙图轴》等众多人物画。

《宋儒诗意图》中柴扉初启，画堂宽敞，堂上端坐一寿翁，侍女旁立，四儒生端觞。旁屋中一妇正促织，窗外儿童呼唤，堂前槐树掩映，细竹拂动，院内有缸有壶。描摹细致，人物情态毕现。“一笑谓汝庸何伤，人间荣耀岂可长，唯有道义思无疆。”“但愿年年似此日，老来母子俱徜徉。”将母亲接到身边安享晚年以尽孝道一直是华嵒的心愿，此画寄托着他对母亲的思念。

《褚伯玉隐居图轴》《田诰构思图轴》为两幅隐士题材的人物画。前者华嵒自题：“褚伯玉，字符璩，钱唐人。少有隐操，居瀑布山。性耐寒暑，时人比之王仲都。王僧达答丘珍书曰：褚先生从白云游旧矣。古之逸民，或留虑儿女，或使华阴成市。而此子索然，唯朋松石，介于孤峰绝岭者积数十载。近故要其来此，冀慰日夜之思。比谈讨芝桂，借访荔萝，若已窥烟液，临沧洲矣。知君欲见之，辄当申譬。”后者华嵒题：“逸民史云：‘田诰，历城人，好著述，每构思必匿深草中，绝不闻人声，俄自草中跃出，即一篇成矣。’”轻蔑世俗的隐士高步独立，士者遗风犹存。他们的高洁人品和真挚情感都令华嵒钦佩。

在《郑玄诫子图轴》上，华嵒自题：“郑玄诫子书云：今吾告尔以老归，归尔以事，将闲居以安性，覃思以终业。自非拜国君之命，问族亲之忧，展敬坟墓，观省野物，胡尝扶杖出门乎！家事大小，汝一承之。咨尔茕茕一夫，曾无同生相依。其勖求君子之道，研钻勿替，敬慎威仪，以近有德。显誉成于僚友，德行立于己志。若致声称，亦有荣于所生，可不深念邪！可不深念邪！吾虽无绂冕之绪，颇有让爵之高。自乐以论赞之功，庶不遗后人之羞。”郑玄谆谆而言，教其子立志处事，其中也寄托了华嵒对儿子的慈爱与希冀。

其他如《五老图》《八仙图轴》等，有着长寿等吉祥的寓意，也很受市场欢迎。雍正二年晚些时候，华嵒携这批画作初次来到扬州。

此次华嵒卖画很顺利，数月间画作全部脱手。因为遇到一些旧识，也结识了新友，如与之后来关系亲密的张瓠谷等，他推迟了回杭州的日期。

符姓友人

大约雍正三年（1725年）或之前的一年，华嵒回到杭州家中。

在家中休整的华嵒进入一种散淡、闲适的生活状态，绘画、谱词、作诗皆出自内心，随心所欲，率真而超然。或在家接待友人，或外出寻友、聚会，他的心情自然而恬适。

雍正五年（1727年）长夏，华嵒作了一幅自画像（《新罗山人小景》），画面中他手捻须髯倚卧泉石之间。华嵒还题写了一首长诗，其中称“嗤余好事徒，性耽山野僻。每入深谷中，贪玩泉与石。或遇奇丘壑，双飞折齿屐。翩翩排烟云，如翅生两腋。此兴四十年，追思殊可惜”。虽然酷热让华嵒苦不堪言，“炎风扇大火，高天苦燔炙。倦卧竹筐床，清汗湿枕席”，他依然能徜徉于自己构建的艺术世界中，悠然自得：“聊倚孤松吟，闭之蒿间宅。洞然窥小牖，寥萧浮虚白。那得踏层冰，散发倾崖侧。起坐捉笔砚，写我躯七尺。羸形似鹤癯，俏兀比霜柏。俯仰绝尘

《新罗山人小景》

境，晨昏不相迫。草色荣空春，苔文华石壁。古藤结游青，寒水浸僵碧。悠悠小乾坤，福地无灾厄。”

雍正三年早春二月的一天，天气乍暖还寒，花未开，叶芽微露，窗外飒飒。华嵒坐在讲声书舍中构思一幅作品。

这时候，年轻诗友符旅鸿来访。他刚刚吟得一首诗，其中有一句“数笔芦花染秋水，一声清磬下寒林”，令其颇中意。他想让华嵒用画表现出诗句的意境。

当符旅鸿吟出这句诗，华嵒眼前浮出江边一片沙洲，秋水芦花，洲上雁鸣。他自然地想起边寿民笔下“写生”“活泼”的芦苇和大雁，往往捎带人事，暗喻心境；又想到八大山人的芦雁图，芦苇多凌乱败落，而大雁都孤愤决绝，遗世独立。他不由得想，画画当然要形神兼具，但总不过是写心中之景。

于是，华嵒走到画案前，“伸纸驱毫，信其墨之浓淡而成之”，一会儿工夫，一幅墨色淡雅的《秋水寒林图轴》呈现在符旅鸿眼前。

这幅作品构图简洁，画幅上方留出大片空白，分不清哪里是水，哪里是天。孤冷萧飒的意境，简约疏淡的山水画风，远方隐约的孤山起伏绵延，山石轮廓苍劲沉着，墨色清淡，笔法秀峭，渴笔侧锋作折带皴，干净利落而富于变化。河岸、疏树、竹林和小亭，枯藤抱着老树。侧笔写画竹之笔尤为遒劲，具清逸萧疏之趣。为了进一步体现出画图的“言外之趣”，华嵒又题诗一首：“破墨淋漓诗境生，远江吞岸听无声。寒雨着书萧疏甚，秋自高高气自清。”得此山水佳品，符旅鸿满心欢喜，携图而去。

这年盛夏，酷暑难熬。这一天傍晚，华嵒步出家门散步纳凉，不知不觉走到友人符之恒的秋声馆。

符之恒（1706—1738），字圣几，号南竹，浙江杭州人，善诗，诗风清峭脱凡。有《秋声馆吟稿》一卷存世。符之恒是华嵒好友厉鹗的弟子，厉鹗在《秋声馆吟稿序》中评价他“赋性幽淡，迥出流俗，见干进辈，视如腥腐。独能追扳古人”。

华嵒的到来令符之恒很高兴，他拿出家藏的十数幅名画家作品供其欣赏。华嵒“细思饱观，爽爽如游清凉境也”。

趁着华嵒兴致正浓，符之恒拿出一幅画卷：“秋岳先生，这是前辈老莲先生尚未完成的《西园雅集图》，数月前我在市场上

偶然见之，甚感可惜。”

西园雅集讲的是苏轼等16人在王诜西园举行文会的故事，历来是群体人物画的好题材。华喦一看，此图刚刚“构至孤松盘桓处”，并未画任何人物。当时陈老莲已经病重，没有办法完成此图了，确实是很可惜。

“我曾见过一幅老莲前辈为去病道人作的《雅集图》，人物用白描勾勒，线条清圆细劲，有李公麟的笔意。老莲前辈吸取了赵孟頫把书法融入画法的做法，但师古而不泥古，值得我辈效法。”

华喦斟酌了一番后，就怀着对前人的崇仰与感悟，补绘此画。完成后，华喦题上：“笔墨精良，有愧前人，若开生劈秀，当与颉颃高下，则吾又未敢意让也。”华喦的题字，既谦逊地表达了对于前辈大家的尊敬，同时也显现了他的笔墨自信，至少在敢于创新方面他是不输于前辈的。这说明华喦的艺术造诣与胸襟已经到了质变的阶段。

符之恒系清代浙西诗派代表人物符曾的兄长，此前提到过的符旅鸿当与他们有关系。

华喦画人物，除了有笔致精细、造型准确的一面，同时也受到过陈洪绶人物造型略带夸张的技法的影响。他的《群仙祝寿图》中的人物，正是这一画风的表现。这次秋声馆补画，成全了一件雅事的同时，也是华喦与老莲前辈的一次隔空对话。

有意思的是，两年后，即雍正五年（1727年），华喦又与陈老莲“再续前缘”。这年十二月，友人姚鹤林来到华喦家里：“秋岳，我有一帧陈老莲的《仿荆关竹石古树图》送给你，只是图有缺憾。”华嵒打开一看，确实如此。此图虽已画上古树竹石，但“不识何人污墨数点，深为碍目”。他深为惋惜，怎样才能使之化腐朽为神奇呢？华嵒深思熟虑后，“摹其污墨，略加钩剔，似若群鸟归巢之势”。姚鹤林见此，不禁拍案叫绝。

华嵒接着题诗一首：

破墨当年写敬柯，谁知莲子苦心多。
平生血气消磨尽，空向西风唤奈何。

华嵒对画家在艰难的艺术求索中的艰辛创作历程和敬业精神感同身受。最后他以“余因庶不大伤先辈妙构也”之语向前辈致敬。华嵒对陈老莲晚年凄凉境遇的哀叹，也是对自身境遇的一声叹息。

道经黄竹岭

华嵒幼子华浚颇为聪俊灵秀，华嵒在他身上寄托了父亲当年对自己一样的期望。华浚也很懂事，他刻苦学习举子之业，进步不小，这让华嵒深感宽慰。同时，在父亲的指导下，华浚的绘画技能也提高不少。雍正六年（1728年）十月的一天，华浚读书方罢，小憩之余，发现父亲案头有一张空白宣纸，不禁技痒，就学习周文矩的“战笔”技法，画了一幅《仿周文矩临镜美人图轴》。华嵒看了，指点了一番，他心里很高兴，毕竟华浚画得不错。

这些年，华嵒结交了一些浙江宁波的朋友。大约雍正七年（1729年）初，华嵒有一次宁波之行。他带上了为友人画的作品

和新作的诗。

在宁波，华嵒拜访了李暾、万经、魏云山、蒋担斯、吴芑君、陈古铭等诗友。华嵒去了李暾的就庄做客；在蒋担斯陪同下游眺了海宁县峡石镇的紫微山；他还在吴芑君的白华楼吟诗作赋，主客相谈甚为惬意。当然，他与魏云山也聊了个尽兴。

雍正七年春三月三日，华嵒告别友人，踏上归途。自宁波回杭州的路上，华嵒经过黄竹岭。那天一大早华嵒就开始翻越此岭，但因为山路难行，到中午时才走了一半。华嵒累了，就在岭上的一座桥上歇息。他聆听着桥边山泉流过岩石发出的淙淙声，感受着暮春的凉意。过了一会儿，华嵒继续赶路，不久便来到一个两山环合的地方，“中间乔柯丛交，素影横空，恍疑积雪。树底软草平铺，细如丝发，香绿匀匀，虽晴欲湿，似小雨新掠时也。西北有深潭，潭水澄澈，摇映

“战笔”的行笔较瘦劲，线条较颤抖，多用来表现人物的衣纹。

山腰，草树生趣逼人”。华喦在这神奇景色中陶醉了，他不禁想起，这多像北宋山水画大师李成的作品啊！赏此美景，华喦顿时忘掉了旅途的疲劳。

回到杭州家中，华喦一边“低眉压目苦攻书”，一边继续在艺术之路上探索。这一年，华喦创作了共有12帧的《山水》册页。在其一与其七两帧上，他分别题写“我心山灼见，山性我微获”“幽人家住小东园，老树阴中敞北轩。一部陶诗一壶酒，或吟或饮玩晨昏”两首诗。在艺术世界中，华喦的身心极为放松，倍感惬意。闰七月，虽酷暑难当，却激发了华喦创作的欲望，他“挥汗用米襄阳法”，作水墨《溪山猛雨图轴》一幅，并在上面题诗：“秋深余苦热，敞阁纳凉风。偶然得新意，扫墨开鸿蒙。溪山官衔猛雨，密点打疏桐。”工诗善画的华喦对诗画结合这一中国绘画特有的艺术形式掌握得更加娴熟、更有自己的特点了。

当年华喦在江西巡抚郎廷极幕府曾欣赏过倪瓒、王蒙合作的《古树竹石图》，一直以来不能忘怀。夏日的一天，刚刚下了一场雨，送来难得的一抹清凉。闲倚着北窗的华喦看着几案和砚台，不再感到燥热。他忽然又忆起那幅“云石苍润，竹树秀野，精妙入微”的艺术妙品。华喦的创造激情被激发出来，不禁“追摹前贤标致”，也画了一幅《古树竹石图》。画毕，华喦有种“殊觉趣味冲淡，心骨萧爽”的美妙感觉。最后华喦题诗其上：“写罢茶经踏壁眠，古炉香袅一丝烟。目游瘦石枯槎上，心寄寒秋老翠边。”

秋天到了，魏云山乘着凉意来到杭州走访华喦等友人。八月

二十日，华嵒陪伴魏云山来到蒋雪樵住的菊柏轩，“时雪樵丈然沉水檀，诵《黄庭经》方罢，呼僮仆献嫩茶、新果。主客就席环坐，且饮且啖。喜茶味之清芬、秋实之甘脆，足以荡烦忧佐雅论也。况当石床桂屑，团玉露以和香，篱径菊蕊，含英华而育艳，众美并集，糅乖何至。”

魏云山笑着对华嵒说：“秋岳兄何不将此景画下来？”

于是，华嵒“乃解衣盘礴，展纸而挥。树石任其颠斜，草木纵其流洒，中间二三老子，各得神肖。蒋翁叩杖，魏君弹尘，豪唱快绝，欲罄积累。唯南闽华子倚怪石，默默静听而已。其他云烟明灭，变态无定，幽深清远，亦可称僻”。

华嵒画好后又题写数语以记录此雅事，蒋雪樵、魏云山围过来，大家少不得一番赏玩、闲话，最后尽兴而散。

魏云山的到访，使华嵒脑海中浮现出上次翻越黄竹岭时赏到的美景。因为回来后“尘事纷纭”，他一直没有空闲将此景引发的心意付诸笔墨。魏云山走后，华嵒便将此次“春游佳遇，追写成图”，并题诗一首：“曾为度岭客，攀登上烟虚。云里闻鸡犬，洞中见樵渔。春林疑积雪，香草欲留车。遥忆藏幽壑，临风画不如。”

华嵒题诗中所谓“临风画不如”，与李方膺的“庭前老树是吾师”、郑板桥的“凡吾画无所师承，多得于纸窗粉壁间耳”的意思是一致的。几乎在这同时，华嵒还作过一幅《梧桐书屋图轴》，上题《秋园诗》一首：“盥手法二王，熟书几败颖。”正因为华嵒师造化、重观察，加上师古而不泥古，终成一代宗师。

就庄雅聚

雍正八年（1730年）仲春二月，华嵒前往宁波友人李暾的就庄祝贺他的七十大寿。

李暾（1662—1734），字寅伯，一字东门，亦称太学，善诗，性好游。他和郑性、谢绪章、万承勋四人并称“甬东四友”。

李东门非常好客，“座上之客常满，颇不喜饮，而喜召客。其自监司牧守镇将，荐绅先生，骚雅游客，以至剑侠术士、沙门道流，参差旁午，不可究诘。四方之士至甬上，无不叩李氏，而太学倾筐倒庋，待之各以其差无爽者。百函并发，半面不忘，自朝至暮，不以为倦”。

华嵒与李东门交情不浅。先前他来宁波就在就庄住了一段时间，主人还约了其他友人陪华嵒访胜探幽。

就庄位于鄞县东钱湖畔，这里山峦环绕，景色优美。李东门生日那一天，天气晴好。亲友们纷纷登门致贺。除了华嵒、陈东萃两位画家外，还有东门先生忘年小友全望祖，常与东门先生结伴出游的顾嵎东、许玉沙、吴竹亭、万直亭、万经都到场了。

万经（1659—1741），字授一，别署九沙。康熙四十二年（1703年）进士，翰林院庶吉士，改授编修，参修《康熙字典》，主持编纂《宁波府志》。后任山西乡试副考官，康熙五十二年为贵州学政，因事罢归。

李东门是万经的妻舅。上次在宁波，华嵒曾经在万经家替其八世祖的《兰窗图》补笔，还在图上题诗：“小园才半亩，筑室

不多宽，檐矮几妨帽，窗幽但蓄兰。倚风香绝俗，啼露韵增寒。一段湘臣赋，唯渠学士观”，对于万家的优良家风和先祖高雅的情操盛赞不已。

那天，客人们在酒席上按照年长序列排定席次后，开始品茗、叙谈。茶罢，大家又来到四面楼赏景，但见鲜花纷披，杨柳妖娆，湖光山色，绿意满眼。大家或松下弹古琴，或共榻评文、吟诗，或对弈数盘，或坐在书台上读书，或在鱼池旁垂钓，均乐在其中。等酒席安排好了，大家享用着主人精心准备的美味佳肴，大快朵颐。

祝寿的宴席散罢，客人们向李东门辞行，李东门笑着说：

“大家且慢，我还有一事相请。”

“东门先生有何事尽管开口。”

“老朽想仿效古先贤遗风，准备了一匹熟绢，请诸公帮我绘制一幅《春宴图》。”

大家纷纷说好。有人就说：“此图非秋岳兄执笔不可。”

华嵒谦虚地摆摆手，说：

“此等风雅之事，诸公推举小弟，愧不敢当。小弟不擅画人物，花鸟尚可。东萃兄乃写真圣手，诸公神采，成竹在胸。小弟愿意为之补白。”

于是便由陈东萃先在绢上绘像，主客一一神色毕肖。华嵒再添上眼前之景：花草竹篱、假山树石、亭台园居等。最后大家将《就庄春宴图》用锦囊装好，一起向东门先生团拜，祝他“七十方初度，百岁未足期。愿君等彭祖，直迈陈希夷”。东门先生甚是欢喜，他又请华嵒在图上题写长诗以记今日之雅事。

与友人雅交趣谈，每每能激发华嵒的创作热情。八月三日，华嵒与友人交谈中提及名家画名山的话题。有位朋友聊起明代丁云鹏的《黄山云海图》，还有一位提到恽南田所作《天目云海图》，众人啧啧称奇。友人们的话不禁让华嵒心有所感："黄山奇险，天目幽奥，云岚聚合，变态无常，而二君各运机杼，皆能掇其秘趣。"但华嵒想到，客观物象不同，每一个人面对物象的感受不同，必然导致展现的艺术角度不同。他想起自己当年游览泰山观日出时的情景："见云出莲华、日观两峰之间。其始也，或如龙、如马，如风翔鹏起，盖旋车翻，似若蓬蓬有声。须臾，弥空迭浪，汪洋海矣。"当日，华嵒就创作了一幅《泰岱云海图轴》，整幅画形凝神溢，外动内静，凡中有奇。华嵒又在题记中追忆了自己登泰山的体悟与感受。

新罗山人贫且病

雍正八年，吴石仓辞世，让华嵒很伤心。吴石仓数十年苦心积累下的丰富藏书遗编散落各处，仅汪氏振绮堂收到的手抄书就有数百册，其他散见于书贾之手。

华嵒自身的状况也不容乐观。一方面是家庭负担沉重，另一方面他已经年近五旬，身体状况大不如以前。回想起"昔当壮岁血性豪，登眺四方兴莫比"，却"那知今日无济事"，"病魔日夕持斧戈，逼我灵台隔张纸"。但"平生未得养生方，何以安全不能死"？生老病死是自然规律，谁也逃脱不了，但平时如果注意养生，总会好些吧："慎度八节调四时，运养六腑保精髓。

浩然之气充肤毛，魔不须遣自退矣。”当然如果能够接受妻子的劝告可能也是有效的：“山妻劝我礼佛王，屏去烦恼生欢喜。”“五十能至六七十，便成痴钝顽老子。”

自从赴宁波给李暾祝寿回来不久，华嵒就病倒了。“新罗山人贫且病，头面不洗三月余。半张竹榻卧老骨，寂看梅雨抽菖蒲。”华嵒的病使得本就贫困的家雪上加霜，生活重担几乎都落到妻子蒋媛肩上。

不过宁波友人的来访给了华嵒些许安慰。

雍正八年孟春时节的一天，春雨淅沥沥地下着。华嵒正躺在床上休养，孩子进来通报家里来客了。华嵒打起精神坐起准备迎接，只听门口有人在说：“秋岳，老哥看你来了！”

华嵒一听是李东门的声音，赶紧将他迎进门，惊讶地问：“东门先生怎么到杭州来了？之前在府上没有听您说起呀？”

听完李东门的介绍，华嵒明白了，原来他是与友人们来杭州西溪

西溪的梅花很有名。在明代，就有“西溪探梅”这一景致，当时西溪与灵峰、孤山是杭州三大赏梅胜地。到清代，西溪探梅已成为“西湖十八景”之一了。

的花坞赏梅，顺道探访自己。

“这次我们很幸运，来的时候花坞梅花恰盛开，现在我们准备回去时，它们已经凋谢了。老朽这次赏梅兴致不浅，赋得小诗几首，就留在你这。等你身体好了，我们好好切磋切磋。老朽还有事，就此告辞。你要好好将息身体。”李东门说完准备告辞。

“请先生稍候片刻，您不辞辛苦光临寒舍，容我口占一首致谢。”

华喦沉思稍许，赋诗一首以答东门先生：

梅花芳时君来游，桃花残时君去矣。

但愿多情订后期，莫辜西子永相俟。

四月二十八日，华喦又迎来另一位宁波友人蒋担斯。

蒋宏任，字担斯，海宁人，能诗，有《峡石山水志》一卷传世。雍正六年（1728年）华喦的宁波之行，曾经到访海宁县蒋担斯家。

“蓬门画对泥巷启，有客蹑履过吾庐。”这天，蒋担斯带来了吴苣君、陈古铭等诗友的见怀之作。友人的情谊温暖了陷入贫病当中的华喦，他忆起上次在峡石与友人们在一起吟诗赏画、游山玩水的情景，心情顿时好了许多：“寒温叙毕出数纸，纸短词长密行书。”“今读新诗豁心孔，陡然大快欢何如。”当即作诗答谢：“回头大声呼长须，劈茧研烟供吾需。漫誊笨语寄君去，他日访胜东南湖。”友人们的珍贵情谊令华喦感动不已，他们的高超才艺、优雅情趣也令他久久难忘。华喦的诗被蒋担斯带回去，也定下“他日访胜东南湖”之约。

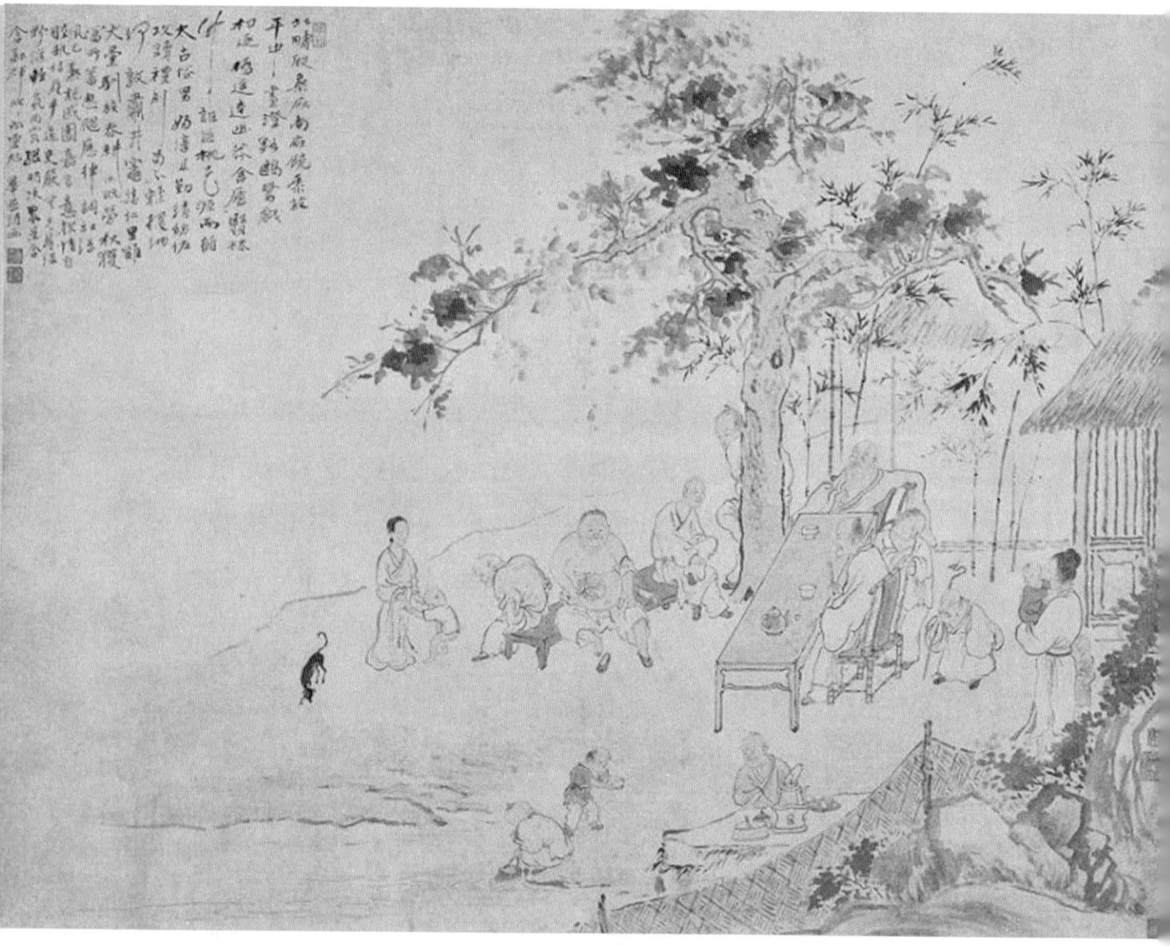

第五章

奔波劳顿

年事渐高的华喦为了维持一家人的生计，仍不辞辛劳地作画，隔一段时间便送去扬州售卖。在这段时间，他结交了更多志同道合的朋友，也完成了大量佳作，但身体大不如前，加上几位老友和妻子陆续故去，让华喦萌生了归家的念头。

结识员果堂

雍正八年（1730年）七月三日，华喦在友人的湖庄避暑。午后，他正在阁楼上观赏湖光山色，突然风雨骤起，忽又雨过云霁风清，山水空灵。“云生丛树之间，滚滚如雪浪怒涛，团结不散。”华喦不禁被深深吸引，甚至忘了自己之所在。他忆起雍正二年（1724年）来扬州时见到的恽南田的“竹屋读书小幅，极其工化，自得天趣”。于是，他乘兴作了一幅《栖云竹阁图轴》，题“余自橐笔江湖，恣情山水，每有奇观，便心领神悟”等数语记此雅遇。

流连于山水田园固然合乎华喦本心，但无法解决生计问题。秋后，华喦带着之前创作的《白绥海棠图轴》《列子御风图》等作品，时隔6年再次来到扬州，从此开始了持续20多年的频繁往返杭州、扬州两地的卖画生涯。

上次来扬州时，华喦已经感受到了这里浓郁的书画气氛和成熟的艺术市场。一方面他希望能在这里得到更多更好的卖画机遇，另一方面也希望通过与同行切磋，在艺术上有新的突破。

来扬州后，华喦或在客店，或到主顾家里登门绘画。如，雍正九年（1731年）四月他在研香书舍作《红白芍药图轴》、在竹桂轩作《山水卷》（又名《松阁听泉图》），五月于听雨馆中作设色《沈瑜故实图轴》等。

华喦这一次来扬州有一个重要收获，就是结识了员果堂。

6年前，华喦与陕西商人张瓠谷一见如故。这次来扬州后，

《红白芍药图轴》

他就去位于郡城之北的张瓠谷家中探访，但张瓠谷仍在江西经商。未见到张瓠谷让华嵒颇为失望，他便向邻居询问，正巧问到员果堂。

员果堂与张瓠谷都是在扬州的陕西盐商后代，两家有世戚之谊，比邻而居，交情很深。

由于明代初年在陕西实行“食盐开中”政策，大量陕西商民输粮换引，到扬州贩盐，成为扬州明代初中期的大盐商。这些流寓扬州的陕西盐商构房架屋，诗文唱和，对扬州的城市建设和

文化发展产生过积极影响。虽然明代中期叶淇变法之后，扬州陕商实力有所削弱；至明末清初，更是走向衰败，势力大不如晋商和徽商，但衰败并不意味着入清以后陕商在扬州的经商事业销声匿迹，仍有不少人在扬州经营盐业。清代前期的著名扬州陕商共有9位：张恂、孙枝蔚、员洪庥、张于逵、王诩、康邦侯、雷致雨、雷士俊、杨继槐；清代中后期则有5位：张兰、张霞、褚竣、吴蔚文、周莹。

其中，员洪庥，字丕承，陕西三原人，嗜好读书，明末到扬州经营盐业，清初成为两淮总商。员洪庥担任总商期间，坦诚公正，深得淮扬盐商的敬重和信任。对于慈善救助，员洪庥也十分热心，在灾荒之年积极输粮赈灾。嘉庆《两淮盐法志》还记载了他与徽商吴自亮、方如珽负责筹备建设明代末年毁于兵燹的育婴堂一事。

员果堂应是员洪庥的后人，只是家族已经不如顺治、康熙两朝时期那么鼎盛了。在获得巨额财富之后，不少陕商后代弃贾从儒。当时他们还因“行盐执引”而保留着扬州府商籍，如后来与华嵒亦师亦友的张瓠谷之子张四教、华嵒的好友员周南便是如此。

陕商在扬州大多“世业淮盐”，有着家族性经商的显著特征，这在与华嵒交往极为密切的张瓠谷、员果堂所属家族身上体现明显。张瓠谷、员果堂家族的陕西盐商背景，让他们有一定的经济实力和社会关系为华嵒在扬州的活动尤其是售画提供帮助。华嵒也在员家坐馆课徒，一些员氏子弟、张瓠谷之子张四教都曾是他的弟子。

知道华嵒是张瓠谷的友人，员果堂便热心地请华嵒进屋喝茶。主客交谈颇为投契。后来随着交往日深，淳厚好客的员果堂邀请华嵒住进家中的渊雅堂。

在华嵒眼里，“别拓清怀，含贞宝朴，安处幽素，守默养和，绝不为世喧所扰，而唯以山水云鸟自娱”的员果堂，喜欢摹帖读书，游山赏景，饮茗交友，有余暇就在家中垒土叠山，栽花种树。共同的情趣爱好使得华嵒和员果堂成了知心朋友。员果堂也尽心尽力帮助华嵒，他将许多员氏宗亲介绍给华嵒，因而华嵒和员氏家族的不少人都成了朋友，如员获亭、员双屋、员青衡、员周南等。他们有的为华嵒介绍主顾，有的与华嵒情意相投，相交契合。

重阳节前三日晚，华嵒与员果堂在渊雅堂桂树下饮茗赏月。月影中，微寒的晚风送来一阵阵似有若无的桂花香。华嵒说：

“若能与瓠谷先生一同赏月，该有多好啊！”

“是啊。我们已经好久没有见面了。”

于是两人于秋色夜景中煮茗吟诗，并怀张瓠谷先生：

商风苏冷节，苦雾压纤尘。
得月墙东桂，贻香砚北人。
帘拖飞小篆，壁耸画空春。
相与素心侣，而怀渊雅邻。

（《离垢集补钞》）

年底，华嵒回到杭州。他的诗集《离垢集》初稿之前已经编订、誊抄完毕，也给一些朋友看过。好友厉鹗于年初的上春那天一口气读完后，惊叹其非尘埃中所有，当即题上：“我爱秋岳子，萧寥烟鹤姿。自开方溜室，高吟游仙诗。云壁可一往？风泉无四时。沧州画成趣，倘要故人知。”这次回到杭州，华嵒又请徐紫山给自己的诗集题词。徐紫山特意选在重阳节那天在诗稿前面题上：

华君秋岳，天才惊挺。壮年苦读书，句多奇拔；近益好学，长歌短吟，无不入妙。盖具有仙骨。世人不知其故也。忆康熙癸未岁，华君由闽来浙，余即与之友，迄今三十载，深知其造诣。尝谓本根钝者，失之弁鄙；天资胜者，多半浮华。求其文质相兼而又能超脱于畦畛之外，如斯人者，亦罕觏矣！其诗如晴空紫氛，层崖积雪，玉瑟弹秋，太阿出水，足称神品，且复工书画，书画之妙亦如其诗，昔毗陵恽南田擅三绝，名于海内，斯人仿佛当无忝焉。

友人给自己的诗集这么高的评价，华嵒很感动，更为这些知己之言感到欣慰。

题诗《松萱瓜瓞图轴》

华嵒在杭州稍事休整，雍正十年（1732年）秋天，他又带着事先准备好的作品来到扬州。

这次华嵒带的作品中，有两幅是在扬州市场很受欢迎的文人雅集题材，且都是巨幅。一幅是《西园雅集图轴》。画中苏东坡等13位高士或赏阅谈论，或抚琴对坐，或观览涧流。该图山水、人物、树草齐全，场面盛大。图之下方坡石一围，华嵒以浓淡不一的水墨渍染成石的凹凸感，再以枯笔皴擦，笔墨浑融，层次分明。新篁一丛摇曳于坡石中，灵石苍润，新篁野秀，动静结合，异趣横生。松枝浓淡相间，疏密得势，不乱不杂，冲虚简静，其运笔柔中见刚，竹叶实按而虚起，若断若续，极具动感。另一幅《竹溪六逸图轴》取材于唐代六高士李白、孔巢父、韩准、裴政、张叔明、陶沔于山东泰安的隐居生活。华喦题上：“一溪烟，万竿竹。诗海间，人如玉。”这幅巨作，有师造化而拟黄大痴的远山配景，有重画意而归写真的繁竹潺流，更有取陈老莲之笔意所作形态隽妙的逸士侍童形象，景物和人物的布局章法远近有致。此外，华喦还带了一些普通市民喜爱的吉祥题材作品，如寿星、麻姑等。

《竹溪六逸图轴》

每次来扬州，华喦都会和画友们切磋，其中就有扬州本地画家、曾供职内廷的李鱓。

李鱓（1686—1756），字宗扬，号复堂，别号懊道人、墨磨人，扬州府兴化人。他出生于名门望族，其六祖李春芳是明隆庆年间的首辅，祖父辈、父辈都居官职，擅诗文。

李鱓属少年得志。他于康熙五十年（1711年）中举，3年后赴京寻找以诗画晋升的机遇。借康熙皇帝避暑狩猎之机，李鱓进诗献画得到皇帝赏识，得以供职内廷，名噪京师。但时运不济，康熙五十七年李鱓因遭排挤而失宠，被迫“乞假归里”，寓居扬州，卖画为生。

李鱓擅长花鸟题材，他的花鸟画既有宫廷偏爱的工笔，也有大写意的潇洒淋漓。早在康熙六十年（1721年）秋天，李鱓曾经仿华嵒笔意作《花鸟》一帧。

这一年的闰五月，李鱓作了一幅《松萱桂兰图》。这幅尺幅较大的作品属于祝暇题材的应酬画。松树、兰花的画法已经是李鱓比较成熟的树石技巧，浓淡虚实掩映，前后关系的处理，可以看出是精心构思。

此时，李鱓人生虽经历挫折，但入仕之心仍然强烈，此图为通过馈赠作品谋得仕途上的便利的应酬之作。正因为有如此用心，李鱓请诗书俱佳的华嵒题诗，使得自己的作品分量更重。华嵒也很乐意帮画友的忙，欣然题上：“唯桂有子，唯兰有孙，松萱同寿，瓜瓞连登。”这也是华嵒对李鱓的真诚祝福。

乾隆元年（1736年），李鱓重回京城。之后他重走仕途，并得到了山东青州临淄知县的职位。李鱓在任上颇得民心，但因得罪上司而被罢官。后终生居扬州以卖画为生。

华嵒这次带来的画很受欢迎，销路不错。应主顾要求，他又绘制了《人物花卉册》《金谷园图》《松石清阴图》《松下观流图》等作品。大约是近期观摩石涛作品较多的缘故，这些画中的山石、松树吸收了石涛的笔法。在华喦冬天画的《松下观流图》中，可以看出他在学石涛的基础上，已经能够融入自身特点，由早期的烦琐、工整转为简约、率放。

冬天到了，眼看又要过年了，华喦告别扬州友人，登上返回杭州的客船。

重病托妻孥

雍正十年（1732年）冬，华喦赶回杭州与家人团聚。正值严冬，渡江时，凛冽的寒风刺骨冰冷，大浪拍打客船。年事渐高的华喦身体抵抗力大不如前，不幸冒寒得疾。

3个多月过去，华喦仍然无法起床。家人在杭州城找过几位名医，但毫无起色。华喦自忖时日无多。

蒋媛带着几个孩子在旁边惶恐地守护着。看着年纪比自己小近20岁但因过度操劳已显老态的妻子和3个尚未成年的孩子，华喦想到自己死后他们的衣食问题，实在放心不下。杭州的亲朋或凋零，或年老体衰，已经无人可托了。此时他想到了扬州的员果堂。员果堂虽距离较远，但他却是自己至交中经济宽裕者。

华喦于是写信给员果堂。在妻子的搀扶下，他慢慢移到床沿，用颤抖的手一字一字地写着，写到伤心处泪如雨下。

信托人带给了员果堂。华喦又在床上躺了一个多月，竟奇迹般渐渐好转。经过这一番生死，华喦对人生有了新的体会。此时他的最大心愿就是余生能够守着家人，粗茶淡饭足矣。

但“衣食催人急”。雍正十一年（1733年）三月，因治病花费耗尽了家中积蓄，华嵒拖着病后还很羸弱的身体，再赴扬州。

《白云松舍图轴》

下船后，华嵒径直到员果堂家。上次接到华嵒书信后，员果堂一直担忧华嵒的病情，正打算赴杭州看望老友，看到华嵒出现在自己面前，惊喜万分。他赶紧让仆人备好饭菜为老友洗尘。吃饭时华嵒向员果堂倾诉自己这次被病魔折磨，身心承受的痛苦，员果堂听后唏嘘不已。

为了谋衣食，华嵒来不及休整，抓紧时间作画。刚到扬州，他就画了一幅《牧马图扇页》。接下来他在古香堂、廉屋、摹古堂等处绘制《双松图轴》《梅花书屋图轴》《美人轴》《山水册》《花卉册》《白云松舍图轴》等众多作品。其中，《白云松舍图轴》可谓华嵒山水画中的精品。此图画面为高山峻岭，瀑布直下，远山隐若可见。山腰茅斋数间，内有一老者向外眺望。山下有小桥、流水、茅亭、苍松。设色清丽，以花青写松针，用淡赭、朱磦染松干与茅斋，远山用淡色，隐约可见。华喦自题：“女萝覆石壁，溪水幽朦胧，紫葛蔓黄华，娟娟寒露中。朝饮花上露，夜卧松下风。云英化为水，光彩与我同。日月荡精魄，寥寥天府空。”裱边董筠、文述、顾洛、汪世穰、赵之琛、周凯等数家题记均大加赞赏，有称之“空灵清旷，神品兼逸品”者，有叹其“神乎其技”者，甚至周凯赞其即使唐寅见之，亦恐退让一步，可称“画中仙品”。

这次来扬州售画收入不错，够家里应付一段时间了，也担心病愈不久身体吃不消，华喦最迟不超过雍正十二年（1734年）春回到杭州家中。

回家不久，华喦创作了一幅《濯翠沐云图轴》。在这幅有王蒙风格的作品上华喦自题：“新罗山人合老齿，笑口微开味素居。衡门自可携妻子，庭蔓青深乏力除。即能饮酒啖肉也非昔，知披月读书总不如。赖山水情怀依然好，濯濯沐木襟带舒。有时遣兴诗复画，一水一山付樵渔。以兹烟云荡胸臆，便如野鹤盘清虚。”可以看出，虽然由于年老、衰病，华喦的体力和精力已经下降，但只要纵情于山水之间，沉潜于艺术世界的迁想妙得之中，他整个人就会放松下来，心情愉悦。

除了上述《濯翠沐云图轴》，这一年以及下一年华喦创作了《秋郊饮马图轴》《松泉盘翠图轴》《松泉图轴》《素居图轴》《清风精舍图轴》《墨笔山水图轴》《射雕牧马图轴》《万壑松风图轴》《花卉卷》《金屋春深图轴》等多幅佳作。其中，《万

《万壑松风图轴》

壑松风图轴》绘林海松涛，远山风岚烟云缭绕，沟壑间一片苍松茂密，虬曲盘折。松干鳞结，松根深扎岩隙，老干新枝，挺秀峻拔。松针繁茂，其针如芒，密而不乱。浓淡远近，层次鲜明，睹其松似闻风声，其势雄壮。此图有数家跋语，其中褚德彝跋曰：“新罗好句凌金（冬心）厉（樊榭），烟鹤风姿满座倾。活色生香寄余兴，常将妙画掩诗名。”寿石工跋曰：“天弢解尽见天机，纷红骇绿毫段涌。芳序潜移，岁寒应公，空山梅竹从珍重。东园之后又东园，高名画苑晁还宋。”

虽然这时的山水画总体上在扬州不太受欢迎，但在小众范围内还是有一定市场。更主要的是，华嵒的心始终寄情于山水，“每有奇观，便心领神悟”。“放游山水”历练了华嵒的意志，使得他的胸襟更加宽阔，洞察自然的艺术感受力进一步提高。他以画山水遣怀，陶冶性灵，锻炼笔力。华嵒的山水画在吸收继承唐宋以来的优秀传统的基础上，又以大自然为师，最终独成疏放、简率、冷峭、蕴藉之一格。

画梅会金农

乾隆元年（1736年）春天，华嵒似乎特别钟情于梅花。他画了一幅《寒梅翠鸟图》，还在金农的一幅《梅花图轴》上发表了一番评论。

金农（1687—1763），字寿门、司农、吉金，号冬心先生、稽留山民、曲江外史、昔耶居士、寿道士等，工于诗文书法，晚寓扬州，卖书画自给。金农与大盐商马氏兄弟、徐赞侯，画家王士慎、高翔等订交，闻名扬州。

华嵒、金农同在杭州，两人有不少共同的友人；同样往返于杭、扬两地卖画，他们见面机会不少。

自从相识后，金农与华嵒惺惺相惜，结下深厚友谊。华嵒有一方经常携用的画竹砚，金农为之隽铭曰："此砚画竹，翠袖江头，年年秋雨，作湘女愁。"砚铭刻成后，华嵒为了感谢金农，以五言诗和之："谁假公输巧，磨砻及此君。独能含直节，不愧供斯文。龙尾何堪比，猪肝未足群。宝泓容一滴，元气自氤氲。"金农曾在自己的《画竹题记》中赞誉华嵒"尝画兰草纸卷，卷有长五（丈）者，一煵饭顷便了能事，清而（不）媚，况闻峦香散空"。而华嵒亦有《题环河饮马图赠金冬心》与《赠金寿门时客广陵将归故里》等诗赠予金农。

生意上他们也互相照应。当年金农客居徐赞侯家，徐家收藏了一件周太仆铜鬲，曾经请华嵒为之作图，有可能就是金农给华嵒拉来的生意。金农也曾经为华嵒好友员获亭的一方名砚作过砚铭。

这次华嵒、金农恰好同时回到杭州。一天华嵒到金农家相谈，金农约华嵒一道去好友丁敬家中观赏其收藏的王冕所画的红梅。

丁敬（1695—1765），字敬身，号钝丁，嗜好金石文字，工诗善画，尤精篆刻。有《武林金石记》《砚林诗集》《砚林印存》《寿寿初稽》等。

丁敬和浙派诗的代表人物杭世骏、厉鹗都是儿女亲家，几个人关系很密切。

丁敬住在杭州城南的候潮门外，靠酿酒曲自给自足。金农与丁敬住得很近，不一会儿他俩就到了。在丁敬家看到王冕的这幅红梅小立轴，金农想起在前御史龚翔麟家欣赏过的其收藏的元代辛贡所画的粉梅，于是当即画了一幅《梅花图轴》。他以大笔淡墨画干，浓墨点苔，枝条疏密有致。勾花点蕊，以粉朱、铅白点染花瓣，清丽秀逸，有暗香浮动、韵清神幽之感。画毕，金农题上："吾乡龚御史田居先生，家有辛贡粉梅长卷。丁处士钝丁家，有王冕红梅小立幅，皆元时高流妙笔。予用二老法画于一幅中，白白朱朱，但觉春光满眉睫间，老子于此兴不浅也。"

旁边的华嵒和丁敬赞不绝口：

"冬心先生此图将辛贡、王冕粉、白梅法集于一体，却又别出新意。"

"你看这以大笔淡墨画的花枝多么有生气啊！"

“寿门兄这特有的粗短方正的漆书真是别具一格。”

“请秋岳兄在拙图上写上几句如何？”

看到金农有如此雅兴，华嵒也不禁技痒，他在此图右侧长题上：“世称梅者，必配以孤山处士，处士名动人主，山几移文，笺启纤丽不到，高雅复为王济所窥，故是冰炭中人，非梅偶矣。意唯苏了卿、洪忠宣冷山雪窖时，同此臭味，次则夏仲御、刘器之木肠铁汉，差堪把臂入林耳。”

北宋林逋，人称孤山处士，结庐西湖之孤山，植梅养鹤，清高自适，人称“妻梅子鹤”。

西晋王济，字武子，太原晋阳人，“少有逸才，风姿英爽，气盖一时，好弓马，勇力绝人，善《易》及《庄》《老》，文辞俊茂，伎艺过人”。

南朝陈苏子卿，作诗以雪喻梅：“庭前一树梅，寒多未觉开。只言花似雪，不悟有香来。”

北宋洪皓（洪忠宣）有《江梅引·忆江梅》一词：“空恁遐想笑摘蕊。断回肠，思故里。漫弹绿绮。引三弄，不觉魂飞。更听胡笳，哀怨泪沾衣。乱插繁花须异日，待孤讽，怕东风，一夜吹。”

夏统，字仲御，“幼孤贫，养亲以孝睦闻。初兄弟每采梠求食，星行夜归，或至海边拘蝶蟛以资养。”宋胡仔《苕溪渔隐丛话后集》有言：“诗中言宋广平为铁心，夏仲御为木肠。”

北宋刘安世，字器之，为人做事忠孝正直。他上朝时，“正色立朝，扶持公道。其面折廷争，或帝盛怒，则执简却立，伺怒稍解，复前抗辞。旁侍者远观，蓄缩悚汗，目之曰‘殿上虎’，一时无不敬慑”。

以上诸人在朝则兼济天下，在野则独善其身，都是华嵒敬重的具有“梅”的品格的贤人。

回到家，华嵒又乘余兴画了一幅水墨《寒梅翠鸟图》。他先以大写意笔法自上而下画出梅树虬枝，寒梅怒放，以淡墨调了淡胭脂点染成枝头红花点点；再以干笔皴擦，后以湿笔敷染出两只交相呼应的翠鸟。华嵒将题在金农《梅花图轴》上的那段话也题写于自己作品的右侧。

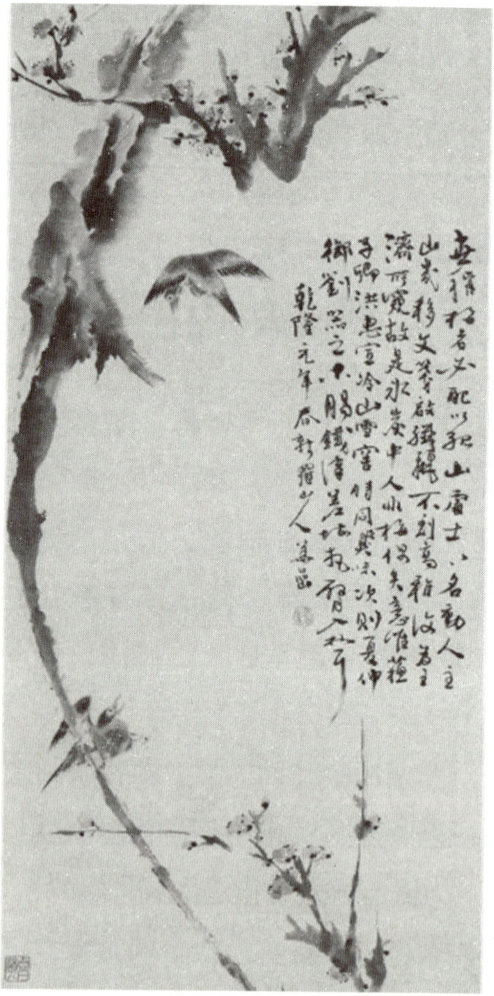

《寒梅翠鸟图》

龚翔麟与金农相交50年，金农在他家观赏过前人名画，对辛贡的粉梅印象尤深。龚氏去世后，辛贡画不知下落。乾隆二十七年（1762年）冬，也即金农去世前一年，他画了一幅《玉壶春色图》。此幅构图大胆，画面中心位置画了一棵粗大的老梅树干。金农以他特有的“漆书”于画面右上方长题：“田居先生为吾乡前辈，旧为监察御史，每得名迹，必招赏于清池白石间。其藏元至大辛少府贡粉梅矮卷，繁枝密萼，花光迷离，恍如晓雪之方开也。先生最爱予小诗，索题纸尾者三，忽忽五十年事矣。”自感将不久于人世的金农无比怀念他的故旧。这一年冬，金农入室弟子罗聘去杭州看望老师。之后罗聘拜会了丁敬，在丁家观赏到了王冕的红梅小立轴。

嘉庆三年（1798年）春二月，客居京城的罗聘作了一幅《红白梅花图轴》。此图构图与金农的《梅花图轴》相同，枝干从画面左上方进入，描绘遒劲有力，顿挫而富有节奏感，拖尾一笔潇洒自然，淡墨绘成白梅枝，浓墨绘成红梅枝，彼此相映成趣。图中题记云：“杭郡龚御史田居先生，有辛贡粉梅长卷。丁处士龙泓先生，有王冕红梅小立轴，皆元时高流妙手。余于乾隆壬午癸未间游西湖时及见之。今余用二老法于一幅中，白白朱朱，但觉春光满眉睫，老子兴复不浅也。”罗聘不仅用了老师的画法，跋语也是大部分援引了老师的题记，再根据自己的经历修改了其中的细节，也许他是想用这幅画表达对老师金农的怀念，也是向华喦、金农两位前辈致敬吧！

不及汪君送我情

乾隆二年（1737年），华喦又为赴扬州做准备。他正月就开始忙碌，画了《童戏图册》12帧，二月作《茅屋风竹图轴》，春日作《秋浦并辔图轴》，五月五日作《竹林钟馗图轴》。

七月，华喦已经在扬州员果堂的家中。经过数年交往，员家的渊雅堂成为华喦固定住处。

《童戏图册》

秋天，华嵒好友高翔过五十大寿。

高翔（1688—1753），字凤岗，号西唐，又号犀堂、西堂、樨堂等，别号山林外臣，擅画山水花卉，间作佛像人物；篆刻与汪士慎、丁敬齐名，又与高凤翰、潘西凤、沈凤并称“四凤”。高翔生活清寒但清高自在。他交游不多，平时在家里种花养鸟，写篆画梅。孤傲不群和嗜学成癖的性格，使他在学问辞章、书法绘画上自成一格。

高翔家“五岳草堂”位于扬州新城西北，与安徽籍大盐商马曰琯、马曰璐兄弟的老屋相近，高翔与他们很早就认识。

马曰琯（1688—1755），字秋玉，号嶰谷，又号沙河逸老。诸生，官候选知州。著有《沙河逸老小稿》6卷，《嶰谷词》1卷。

马曰璐（1695—1755），字佩兮，号半查、一作半槎，别号涉江。乾隆丙辰荐举博学鸿儒，辞而不就。著有《南斋集》6卷，《南斋词》2卷。

据李斗《扬州画舫录》，马氏兄弟在所居扬州新城东关街的对门，筑别墅“小玲珑山馆”，“有看山楼、红药阶、透风透月两明轩、七峰草堂、清响阁、藤花书屋、丛书楼、觅句廊、浇药井、梅寮诸胜。玲珑山馆后丛书前后二楼，藏书百橱”。二马于其小玲珑山馆内，与文学名流结集为“邗江吟社”，探幽访胜，赏鉴古今，相互题赠。高翔也借此结识了一批意气相投的同道，如金农、汪士慎、高凤翰、陈章、陈撰、丁敬、厉鹗等。华喦也曾经参与过此类文学活动，从而与高翔结识。

《秋浦并辔图轴》

好友生日，华喦当然要写诗道贺，这便是《高犀堂五十诗以赠之》：

僻巷有修士，所栖唯一庵。拥书鼓神智，猛如食叶蚕。垂老且弗惰，趣味殊自甘。当门植嘉树，绿净烟毵毵。驯禽理幽唱，妍花含娇憨。四壁凝兰气，半轴飘春岚。清贵踵接卬，篱曲争止骖。宴仰踏壁卧，流盼挥尘谈。澄心泛虚默，纤微悉已谙。养学固履道，抱德诚足耽。冲静自然古，恬洁无可贪。何取嵇生假，而爱阮公酣。逍逍北山北，悠悠南山南。

诗中华嵒以嵇康、阮籍比之高翔，赞扬他隐居、读书、吟诗、作画，甘贫守道的高洁品性操守。

孤傲不群的高翔朋友少，内心却古道热肠，只要他选择相交的都会格外重视这份友情。高翔与大自己四五十岁的石涛是忘年交。石涛身后无人，唯有高翔年年为之扫墓。高翔与马氏亲如兄弟的友谊持续一生。同样，自从结交，高翔与华嵒的友谊就一直延续下来。乾隆八年（1743年），高翔有诗作怀念华嵒，华嵒作《高犀堂见怀五律一首步其原韵奉达》相和：“道胜文章质，情融事物齐。有怀神自广，高唱调无低。红雨秋江树，斜阳古岸堤。惭余乏雅响，何以肆清啼。”

这一年，友人们有的像华嵒一样忙着卖文鬻画，有的在为仕途奔忙：郑燮登进士第，金农、厉鹗“博学鸿词赴京，以报罢归”。

乾隆三年（1738年），华嵒回到杭州。此时，厉鹗住在西湖北山之阴、环境幽美的西溪。据清雍正《西湖志》载：西溪“曲水弯环，群山四绕，名园古刹、芦汀沙溆，前后踵接”。厉鹗踏遍西溪，题咏很多，如那句“芦锥几顷界为田，一曲溪流一曲烟”，一向作为西溪诗词的经典为人传诵。厉鹗想请绘画高手将自己的家画下，自然就想到了华嵒。厉鹗将他的6首记游诗写在扇面上送给华嵒以“雅索”画作。

华喦仔细体会厉鹗诗的意境，结合自己对西溪景色的印象，画了一幅《西溪筑居图》，并题五律古诗一首。厉鹗很高兴，也在图上题了一首词：“横斜影，清浅溪，翠蒙蒙，嫩寒山气。梅花见招深处栖，草堂资，故人谁寄？”

这一年，杭州旱情严重，四月二十七日终于盼来久违的雨水。华喦喜不自胜，即兴赋诗一首：“意懒得闲止，而鲜事物邀。面垣欣薜荔，卧雨爱芭蕉。歊垢倏然灭，民忧忽已销。且谋康狄酿，掬溜涤山瓢。”

心情不错的华喦又画了一幅描绘乡间纳凉听书场景的《田居乐胜图》。画面中心有一张长条桌，桌边一位老翁坐在竹椅上说书，他左手轻点桌面，右手挥舞着一柄闭拢的折扇，嘴巴张开，

《田居乐胜图》

念念有词。一株爬满藤蔓的大树撑起阴凉，旁边有翠竹相伴。听书人有一位胖农夫、数位老者与近十位妇女、年轻后生、孩子，还有一只黑犬，整个场景十分逼真。华嵒题了一首诗：

北畴般桑麻，南亩饶黍菽。平中画澄滢，鸥鹭戏相逐。桥径达幽莽，舍庐翳榛竹。讵非桃花源，而循太古俗。男妇淳且勤，绩纺佐攻读。礼则洵不糅，授纳何敦肃。井灶集仁里，鸡犬汇驯族。春耕亦既劳，秋获富所蓄。惠飔应律调，社酒夙已熟。亲戚团嘉言，意款情自睦。执信履乎道，吏严无见辱。绿野偃轻氛，雨露继时沃。众景含融辉，欣欣向灵旭。

民风淳朴、关系和睦，具有勤劳的品质；耕读传家、敦亲睦族；风调雨顺、吏治清明，这大概是华嵒心目中理想的田园生活吧。

这一年以及接下来的乾隆四年（1739年），华嵒创作了《竹石双鸡图》《松鹤图》《闭户弹琴图》《寿星骑鹿图》《三狮图》《瓶花图》等好销的作品，再到扬州售画。

在扬州售画时间越久，华嵒就越思念家人。想到自己为了谋生，无法做喜欢的事情，也无法照顾到家里的妻小，华嵒有时候会借酒消愁：

老矣扬州路，春归客未还。
遥怜弱子女，耐玩隔江山。
衣食从人急，琴书对我闲。
耽贫无止酒，聊可解愁颜。

（《客春小饮有感》）

乾隆四年年末，华喦迫不及待要回杭州。十一月二十二日晚，与员果堂一家话别后，已经收拾行囊的华喦独坐屋内。室外冻雨缱绻，敲打着残留的枯叶，这加重了华喦对家人的思念。为了摆脱这种郁结，他在昏暗的油灯下打开书。忽然一阵高亢清音随寒风飘入他的耳际，不一会儿来到门前。华喦打开门，原来是好友汪我贻来送行。他手里拎着一壶酒，衣服被冷雨打湿，鞋子上沾满泥土。华喦很是感动。两人坐下来饮酒话别。酒酣耳热之际，华喦用李白《赠汪伦》诗意吟诗一首赠给友人留别：

《三狮图》

惭无李白惊人句，感而汪伦千古心。

此夜一尊倾倒饮，明朝相望隔烟林。

第二天一早华喦登上客船。天仍然飘着雨，华喦的行李被淋湿了，他想起昨晚和员果堂言别时依依不舍的情谊，又平添了一层愁绪。他在船上写了一首诗赠给员果堂：

归舟朝发广陵城，雨雪漫漫壮此行。
回忆昨日言别意，满江邗水不胜情。

我与君家兄弟好

根据史料，员氏家族在扬州城北修有员园，此外，员氏在城西南郊还筑有一座同样命名为员园的私家园林。

但员氏在康熙至雍正时期已渐式微，有些后代逐渐弃贾从儒，甚至如员果堂、员周南、员双屋、员青衢这样唯以读书、吟诗赏琴自娱。有些人的经济条件开始还算宽裕，后来持续衰落，甚至比较清贫。不少人从热闹的城北搬回位于城东的老宅。当时员青衢搬去老屋时，华喦作诗相赠：“先生归去补书巢，仍剪青萝盖白茅。不似嵇生营锻灶，却同杜老卧江郊。早菘便足充朝馔，焦麦无多给午苞。我与君家兄弟好，须眉相叹晚年交。”（《员青衢移归老屋作诗赠之》）后来员果堂也开始在开销大的城北渊雅堂和城东老屋两地交替居住，有时华喦也会陪员果堂在老屋住一段时间。

员家也有像员裳亭、员获亭这样依然经营盐业且生意不错、经济实力比较强的后代。

在杭州与家人团聚数月后，至少在乾隆五年（1740年）夏天前，华喦又来到扬州售画。

因为华喦为人质朴、率真，与富豪没有深交，没有大盐商给予他经济上的资助。与一些盐商富贾不惜一切代价求购郑板桥等名人字画相比，华喦的作品得不到富商巨室的青睐，卖画所得相当有限。

华喦在扬州结识了不少朋友，但他们基本上都是以诗文书画为生的安贫乐道的文人、普通的市民和下层商贾，没有能力在经济上给他更多的帮助。

扬州的友人之中，华喦与员氏兄弟相处较多，关系也较融洽。员氏兄弟贫富不均，华喦与他们彼此唱和都很轻松愉快。他们风光时不骄傲，落魄时不卑微颓废，冷暖自知，苦乐自适，无世上流俗之人的习气，华喦深为感佩。

由于卖画收入有限，同时孩子修举业也开销不菲，为了生计，华喦不仅售画，而且还画铜器，画灯。之前他甚至因为画灯需要一些金粉，无力筹集，只好向比较富裕的员获亭求助：

> 连日少晤，念念。想足下高居养和，自饶乐事。昨闻令兄已回扬州，但被人闲置，消息不漏，欲求一会，不可得也，令人怅怏。弟笔下灯面偶用些赤金，恳足下见赐少许，则增色无限矣。上获亭十二先生。同学弟华喦。

员裳亭家境也很好，当年他纳妾时华喦还曾戏题一律奉赠。乾隆初春天里的一天，员裳亭家珠英阁新落成，宴请亲朋好友，华喦在列。宴毕，座中诗友分韵作诗。华喦拈得“禅”字韵，成诗一首：

> 青泥阁子白杪椽，小几疏窗醉石边。容膝便成安乐窝，放梅新酿嫩寒天。
>
> 春从北海尊中问，诗就《南华》篇里研。半榻炉烟香细细，达人情窍味枯禅。

乾隆五年，华嵒想趁着年关好行情多做点生意，也为了节省些盘费，就留在扬州。除夕那天，员果堂在渊雅堂陪华嵒守岁，并赠给华嵒300文作压岁钱。这点钱虽然不多，但还是令经济窘迫且没有回家过年的华嵒感受到关心和慰藉。他感时伤事，成五律二首，题为《庚申岁客维扬果堂家除夕漫成五言二律》：

其一

去家八百里，讵不念妻孥？惜此岁华谢，悲其道路殊。
飘云成独往，归鸟互相呼。欲讯东阳瘦，吟腰似老夫。

其二

所欣泉石友，同养竹林心。进子樽中酒，调余膝上琴。
十年交有道，此夕感分金。漫拟椒花句，相依守岁吟。

华嵒也常去城东老屋拜访其他员氏兄弟。华嵒与喜爱读书吟诗的员双屋很投缘，两个人常有唱和。前些年，员双屋的《红板词》成书，华嵒还为之题了一首诗。

自乾隆五年到扬州，华嵒一直没有回家。这年年末，蒋雪樵来信告知徐紫山去世的消息。华嵒忆起这次来扬州前与厉鹗等诗友一道去徐紫山的黄雪山房探望的情景。徐紫山家不大，陈设也很简单，倒是四周插满书的大书架很醒目。老人因为腿脚有毛病已经无法出门，但每天仍以读书吟诗作词为乐。

如今，知音已驾鹤西归，华嵒伤心欲绝，悲怆之中作挽歌一首：

徐叟既不作，渺然何处归。柴门虚流水，岩壑绝歌薇。
积善云当报，立言众所依。知音良足感，抱泪向空挥。
悲飕嗌北壑，冷雨泣南山。松瘦无荣色，梅清有戚颜。

空桑镮可复，华表鹤应还。炯炯星辰系，尘氛何所关。

（《挽徐紫山》）

诗成，华嵒站在凛冽寒风中，大声诵读三遍，发出“冥冥幽灵，知耶？不复知耶？”的悲鸣。

徐紫山去世后，其故居黄雪山房被拆卖于人，风流不再，让友人痛惜。

痛失挚友

乾隆六年（1741年）初春，华嵒仍在员果堂家里。天气尚寒，雨水不断，道路泥泞。他尚未从上年徐紫山去世的哀伤中走出，身体感到不适。一日，员果堂同华嵒在屋里吟诗品茗。员果堂擅歌古乐府，声节清雅，抑扬入调，平时也喜欢弹几首琴曲自娱。今天他起了雅兴，高声诵读其乐府诗，清雅抑扬顿挫的乐音将华嵒情绪也点燃，也起了诗兴：

休杖息吾驾，屏翳春雨深。由来白雪调，属此黄童吟。

东里戛良璞，竹西沉雅音。请焚杨子草，当废伯牙琴。

友人一轩子看华嵒无聊，就派人用肩舆接他到家里做客。那天，主人特意安排了古琴演奏，在美妙的琴音中，华嵒欣赏主人收藏的古画，心情愉悦。临别时，他赋诗一首表示感谢：

之子劝吾驾，试为冲淖游。入梅香点路，披画月行舟。

虎落翳寒碧，风丝悲古秋。清轩远俗客，澄寂一何幽。

一轩子究竟是何人不得而知。《离垢集》中还有《和一轩子言心》《一轩主人张灯插菊召集同俦宴饮分赋志雅》等华嵒与之唱和的诗。可以看出，一轩子有相当的经济实力与较高的文化素养。

连绵不断的阴冷春雨给“性爱山水，每逢幽处，竟日忘归”的华嵒造成烦恼，随着天气渐好，华嵒开始到户外踏青。一天，他去西郊遇到友人汪哉生、汪食牛。他们俩拿出自己刚作的诗索和，华嵒便“步韵相答”。清明，华嵒去北郊又遇到扫墓的汪食牛。华嵒知道他特地郑重地写诗将这次祭扫事记述下来后，感动且惭愧。多年漂泊在外，一直未能归乡祭扫先人坟墓，是华嵒心中一块心病。晚上，华嵒借和汪食牛诗，表达了自己的愧疚和哀伤。

很快到了秋天。凉冷的秋雨整整落了一天，晚饭后，华嵒与员果堂在屋里谈心。果堂拿出上次华嵒托自己照顾妻儿的书信说：“秋岳，那年真是为你担心。”

“是啊，那次真是惊险，差一点就见不到老哥了。”

旧事重提，华嵒心有余悸，他不禁感叹命运之不可捉摸。

夏天，华嵒接到叔丈蒋雪樵寄来的诗。蒋雪樵壮年时也向往远游，但为了照顾母亲和比较贫穷的兄长，他常年在家行医，牺牲了自己的志趣爱好，这令华嵒很感动。现在吴石仓、徐紫山等忘年老友相继凋零，蒋雪樵也年事已高。已到花甲之年的华嵒现在更能体会他的心情，每次接函总是立即回复，这次也不例外：“仲夏依芳林，凯风披素襟。发函申雅语，流响写清琴。深感老人教，诚为小子箴。”（《雪樵叔丈以诗见寄作此奉答》）

对于徐逢吉、蒋雪樵、吴石仓等忘年友，华嵒一直心存感念。他们安贫守素，洁身自好，自食其力，固守自己的人生操守。华嵒与他们相交，受益匪浅。

华嵒在扬州与友人们交往唱和，娱情山水，不知不觉，已经离家外出两年，他每每牵挂着杭州家人。这年冬天，在渊雅堂画完一幅《游山图》之后，华嵒就整理行李，动身回杭州。

在返回杭州的船上，他写诗寄给员果堂："薄言伤别离，别离情所悲。""长林下奔日，俯仰悬遐思。"每次与知己员果堂告别，华嵒都是依依不舍。见惯了生死离别的这两位老者，都很珍惜在一起的机会。

《桂树绶带图》

回到杭州，华嵒首先到菊柏轩拜望叔丈蒋雪樵，雪樵先生拿出自己作的《归藏图》请华嵒题诗。

几个月后，乾隆七年（1742年）五月，华嵒带着《山水册》《竹菊图》《泉石图》《山水人物》《观梅图》《桂树绶带图》等作品，又来到了扬州。

当华喦去找员果堂、员双屋时，两人都远游了。前者去了东海滨，后者到杭州西湖。

一个月后，华喦回到杭州。家人告诉他，来杭州游览西湖的员双屋曾到家中拜访，未遇，留下赠诗。华喦读到员双屋所赠诗，吟诗一首作答。秋天，华喦又接到员果堂从东海滨寄来的诗作，也和诗一首。

《桃潭浴鸭图轴》

大约乾隆七年（1742年）秋，华喦来到扬州。员果堂已经回到家，两人拿出上次的唱和之作细细赏玩。

十月，华喦在员氏的渊雅堂画了一幅《桃潭浴鸭图轴》，画面上半幅为没骨桃花，下半幅为水墨碎石小草。他以淡颜色染出的水波、以墨笔勾勒出的鸭子，其状貌令人生出一股暖意。徐宗浩赞之“奇古妍丽，得未曾有”。无疑，此时华喦的画技已经臻于完美之境。

自《桃潭浴鸭图轴》后的两个多月时间里，华喦至少又创作了20多幅花鸟画。

中年以后，华喦花鸟画创作量逐渐增多。雍乾时期，扬州经济富庶，种花养鸟成为一种时尚，符合时人喜好的花鸟画自然盛行一时，当时不少画家的作品都以花鸟题材为主。靠卖画养家糊口的华喦自然也要适合大众口味。

华喦善于吸收明代陈淳、周之冕，清代恽寿平诸家之长。他重写生，善于捕捉自然生活的天趣并向观者传达真切的情感体验，刻画细腻准确，形象生动多姿。上述花鸟画表明花甲之年的华喦终于完成了兼工带写的小写意技法的探索，大大丰富了宋元以来花鸟画的发展面貌，也对后世产生了深远的影响。

这天，金农来向华喦告辞，他要回杭州养老了。华喦赠诗一首告别：

《赠金寿门时客广陵将归故里》

修梧标端姿，绿叶若云布。托根盘阳崖，繁英洗涓露。
雅响蓄幽衷，寂微良工顾。穷栖虽寡立，择方无窘步。
学优识亦弥，神完志自固。广川济洪波，桐林写疏树。
游橐载多奇，播世丰古趣。聊取一生欢，捐蔑百年虑。
阮哭既不为，杨墨悲胡作。悠哉怀土心，情曲展乡故。
伐竹升南冈，剪棘理东圃。薄葺面江堂，衎以蔽风雨。
越歌发采菱，吴涛应节赴。灵照荡中洲，纷华逐飞鹭。
槛坐纳凉温，仗倚适朝暮。循兹谢役劳，宴然守清素。

华喦以阮籍和扬朱、墨翟来比拟金冬心的傲岸狷狂的个性，刻画了其世外高隐的形象。

金农攒够了养老的钱，再无须忍受劳役奔波之苦，可以回杭州家中安享晚年，做自己乐意之事了；但华喦因经济窘迫，除夕

又不能回去团聚，不得不再次滞留扬州。整个冬天他都被悲凉情绪笼罩着。十二月华嵒画了一幅《枝头刷羽图轴》，题上：“倦鸟聿有讬，劳子独何依？结念沉衷腑，吾当寝吾机。”自比倦鸟的华嵒心情可想而知。除夕那天，别人阖家团圆，沉浸在喜庆的气氛里，但华嵒却风雨凄然，与员果堂“寒襟相对”，凄凉之情景可以想见。他“赋以志感”：“世网弗罗尘外雀，声声诣子报佳音。”为一家老小谋衣食，不得不寄身尘网中的无奈心态溢于言表。

但即便凄凉，此时尚有员果堂相伴。大约在第二年八九月间，员果堂去世，华嵒又一次遭受丧友之痛，写了一首挽诗：

《挽员九果堂》

彦士修其身，内虚而外伟。素趣循圆流，道风宰方止。
视听聿不非，笃行良乃耳。游众无称奇，处德逾见美。
藜菽实所甘，丝篇日积理。乐酒怡厥性，宴贫澹如泚。
固己用者深，旷其蔓乎鄙。畏荣诚好古，礼贤情益弥。
薄钝悫恭交，旬龄一日侣。有若瑟琴和，心照神复视。
唱言味苟同，寡节被优举。何欢班白携，鳞展扬渊水。
意谓荃与兰，子之清可比。意谓柏与松，子之操可拟。
禀命嗟不融，脱然弛物累。慈遗妻孥哀，义存友朋诔。
倏幽云有归，穗帐悲风起。

华嵒用员果堂最喜爱的五言古诗作了这首挽诗，诗中高度赞扬了员果堂一生的品德操行，寄托着对老友的无限哀思和对其道德操守的认同。

十月七日，是华嵒62岁生日。傍晚时分，他去员果堂墓祭奠，成诗一首：“挥涕感今哭已痛，临风念昔意何申。……肆目离离霜草外，夕阳如悼冷山春。”

回来后，华嵒经过员家渊雅堂，已物是人非。华嵒感叹韶华不再，自己年已花甲还在客居异地为衣食劳役，不禁顾影自怜。

这一年除夕华嵒又滞留扬州。那天华嵒特意去了渊雅堂。“一过吟堂一惨神，烟花雨树色非真。”看着那些员果堂生前亲手侍弄的花草树木，华嵒不由想起去年除夕老友尚在陪自己雪夜煮茗话除夕，但现在已经人鬼两隔。员果堂有一子一女，都很有才华。子员艾林，字彤伯，有神童之誉；女字道颐，能诗，善写竹。时称双珍。他们也是华嵒的学生。员果堂的儿女见父亲老友睹物思人，也很伤感。他们搀扶着华嵒坐下，给他端上热茶。华嵒看着他们，心里感到了些许安慰：

世好能知通旧情，椒盘仍献白头生。
礼门姊弟贤无右，素玉兼金比太轻。

贺寿马府

乾隆九年（1744年）新年，华嵒仍然沉浸在员果堂去世带给他的悲伤之中，加上无法与家人团聚，使得他难以乐观。不过为了抓住新年的商机，他还得强打精神忙碌着售画、应酬。二月立春的一天，员裳亭在家中观梅阁宴请友人赏梅。华嵒忙着为买家绘制应景的画作，无法与会。晚上回到员家后，他步其原韵作七律一首祝贺：

玉勺回北斗，凤律乍调春。荐祉崇嘉德，示耕务养民。
消寒风卷腊，借暖酒衣人。见说观梅阁，哦香硬语新。

正月忙碌着的华嵒，也抽空为员周南绘制了一幅《素居图》。

员炖，字周南，号帆山，亦作饭山。本是陕西三原人，入泰州籍，寄两淮商籍诸生，著有《痕血庵诗集》4卷。诗友袁枚为之作《帆山子传》曰："性逋宕不羁。读经书悉通晓，卒不为先儒所囿。……身短而髯，圆面。终身布衣。"

员周南比华嵒小约30岁。除员果堂外，员氏兄弟中华嵒可能与员周南交往最密切了。富裕的员获亭、员双屋在经济上可能对华嵒帮助较多，但他们更多是扮演了华嵒在扬州的书画经纪人角色。员周南虽家境不甚宽裕，却与华嵒有着更多共同语言。

员周南酷爱华嵒书画，他每次看到华嵒创作，都在旁边专注观摩，气静神凝，达到忘我的境界。一次员周南向华嵒索要一幅山水画，以便于自己挂在家里中堂之上，可以每天咀嚼、赏析，体味其中的笔墨趣味。华嵒愉快地满足了他的心愿。

当这个忙碌的春天过去后，华嵒回到杭州与家人团聚。不久后华嵒就又来到扬州，受邀参加了马曰璐于春夏间举办的五十寿辰活动。

康熙、乾隆年间，以马曰琯、马曰璐兄弟为代表的两淮盐商不但富甲一方，也是康乾盛世文化繁荣的重要推手。马氏丛书楼，曾以藏书10万卷而享有美名。马氏兄弟时期的小玲珑山馆，景物之美、文风之盛，闻名于天下。许多名士，如杭世骏、陈兆仑、陈撰、厉鹗、符曾、全祖望、郑燮和金农、汪士慎、高翔来往于小玲珑山馆。或许因为友人推荐，华嵒得以结交马氏兄弟。

华嵒非常重视这次祝寿活动，对于在扬州售画的他来说，这是一次重要的社交活动。那天，华嵒在一把折扇上为马曰璐绘制了一幅小像，并题诗《马半查五十初度》作为礼物：

方水怀良玉，幽折韫清辉。蓄宝希声世，犹复世弥知。

君子懿文学，精理彻慧思。申言吐芳气，写物入遐微。

川涌赴诸海，修鲸翻澜飞。郁云丽舒卷，影色而赋奇。

日华金照耀，月露香流离。山筑玲珑馆，萝薜绿纷披。

孝友敦昆弟，斑白款殷依。青松倚茂竹，微雨新晴时。

寿觞一以荐，慈颜启和怡。荣爵靡足好，欢乐诚如斯。

鄙子拂枯翰，倾想幽人姿。唯惶厚秽累，且是复疑非。

马曰璐曾经被举荐博学鸿词而不就，华嵒“方水怀良玉”句，以传说方折之水其下有玉，来比喻马半查的品格操守；“蓄宝希声世，犹复世弥知”，说明马氏收藏之丰富而精；“申言吐芳气，写物入遐微”，说马氏有高深的文学修养，对朋友古道热肠。

这次来扬州，华嵒去看望了员周南，后者很高兴：

“我前几天画了一幅《静镜山房图》，图意取陆机‘民动如烟，我静如镜’。能否请秋岳先生指点一二？”

华嵒看后，啧啧赞赏：“你的进步真大，这么快你就能熟练挥毫了。”

“秋岳先生，可否请您题诗一首？”

华嵒略为思索，在图上题写了一首五古长诗：

市忱尘已空，苔深径自僻。寂蔑犹斯人，休遯亡世啧。

宠素怜所亲，剪棘葺其宅。欢养循南陔，眷恋奉和色。

秋华荐冷馨，疏桐退幽碧。梨枣蕴甘浆，姜芋实清力。

佳鳞析丽藻，菡萏羃文鹢。轻飔曳晚蒲，微烟散黄荻。

遥峦衔古蟾，茫块荡虚白。征途无止骖，悲驰怒正策。

倦鸟赴修林，群影会归翮。萧萧歌暮愁，江上喷渔笛。

华嵒表达了自己对友人安贞守素、寄情山水幽壑情怀的赞美之情，也为那些好学乐道、眷恋林泉幽壑的同道者勾勒了一幅理想的家园图景。

胜集桐华庵

乾隆十年（1745年）春，结束了新年忙碌的华嵒回到杭州与家人团聚。稍事休整，他就又赴扬州。

在扬州，华嵒创作了《群鸟闹春图轴》《花鸟册》《山水人物册》等佳作。其中，绘于十月的《山水人物册》，画家、美术史家郑昶跋曰："余于清贤画最爱新罗。新罗下笔如写，惜墨如金，简远冷逸，意境之事，迥非人间。是册尤其杰构。人物勾画，园劲如细金屈铁，云树皴然，淡媚如霁月横烟溪，动植位置幽远。盖笔墨意境，实全其美。静对三宿，驰念千秋，知古人之不可及，希来者之或能继。"

但华嵒这次扬州之行很短暂。十月七日华嵒生日这天，他去城郊的观音阁参拜祈福。"由来尊大士，万善统慈门。"或许是因为收到妻子蒋媛生病的家信，华嵒忧心忡忡。他祈求大慈大悲的观音大士保佑她平安。之后，华嵒立即返回杭州。

在家中，华嵒陪伴着累倒了的蒋媛。连续数年滞留扬州售画，华嵒难得有这么长时间与家人在一起。这么多年来，家里的一切，包括照顾3个子女、督子读书的重担几乎是蒋媛一人承担着。看着已经长大的孩子们，华嵒对妻子的愧疚之情更甚。

对于性格内向、不擅持家的华喦来说，在家中主要是教导孩子读书。

乾隆十一年（1746年）孟夏的一日，刚刚参加完府试的华浚归家。华喦关切地问着他考试的情况，见到华浚所出示的应试诗考题“战胜臞者肥”，就用此题作诗一首，然后父子交流心得。不久，华喦又以“林园无世情”“汀月隔楼新”为题作了两首类似的应试体五言诗。华喦是想借此指导儿子的应试能力，他希望这个看起来很有出息的三子能够实现光耀门庭的梦想。

当然，华喦仍然无法忘情于对“离垢”“解弢”的境界的追求与向往。此时，他更为自觉地从功名利禄中逃遁出来。华喦在自己创作的一幅《闲庭栖鸟图》上题小诗一首：“好鸟息庭柯，寓目自幽蔚。箫籁无比鸣，棹讴薄清味。独与区尘遥，胡有罗网畏。乐此石泉深，长烟翳秋卉。”一天，华喦走访山居的友人，被他的幽居环境吸引，“所乐但于此，诚可谢浮名！”逃名尘世外，高卧丘壑中。离垢脱俗，归隐田园，华喦把自己遗世独立的个性融化到自然山水景物中去。

华喦在位于城东的小东园的家里，自得其乐。以离垢之心解除了浮名的羁绊，足迹不出陋室，即便无法仗剑远游，但可以凭借艺术的想象力恣意神游。春天的一天，他赋五言古诗一首，此诗可作华喦的内心追求的写照：

丈室弢贞秀，远与衡庐争。林石既厌瘱，累积茂蒉英。
遹玩盘纡径，敞婳怿休情。流视以放听，援管舒心耕。
惊鹜历八极，神游逮五城。蒙冗漱芳润，搜雅掬幽清。
惩躁雪烦悫，调畅达聪明。奉时旷黾勉，恬虚蔑牵萦。

非必贤智谓，苟诚愿爱轻。感顺识有会，宰竖良不倾。

益我从玄志，逍遥乐余生。

春日，友人沈管邀请华嵒一道去元代末年杭州名士范思贤隐居的东皋思古探幽。

东皋位于杭州城东的青门蒲桥，是范思贤隐居之地。厉鹗《东城杂记》里有篇《东皋隐者》，说的就是他。范思贤出自医学世家，是当时杭州城里有名的医生，尤为擅长治疗小儿疾病。他讲究医德，极尽孝道。某年遇强盗抄掠，他置家产于不顾，首先考虑的是把老母带出城外，“走匿湖山之丛薄”。

很有才华的范思贤不愿做官。他曾作《东皋隐者赞》自表心迹：“有美隐君，心夷而气冲。其行既周，其惠又以充。东皋之阳，有木郁葱。或偃而此，或踞而桐。俯仰宇宙，爵胡我降。葆兹贞白，穆其清风，是用作此，以播于邦。”除了治病救人，范思贤“暇日辄赋诗鼓琴，图写山川人物，以为娱”。和知音同道一起凭吊以医道隐居于此、无需随世俗俯仰的先贤，让崇尚“技隐”的华嵒心境更为淡泊。

由于常年作画、卖画的习惯，同时因为妻子治病需要钱，华嵒在家中一边陪伴妻子，一边勤奋作画。这段时间他的创作量很大，仅1746年一年就创作了《寒驼残雪图》《溪岩美云图轴》《梧桐鹦鹉图轴》《松鼠图轴》（又名《松房饥鼠图》）、《黄鹂翠柳图》《牧童图》《人物册》《雪夜读书图轴》《柳岸松风图》《花鸟图》《荷花水鸟图》《鸟鸣秋树图轴》《刘讦游山图轴》《梧竹双鼠图轴》《松鹤图轴》等大量作品。

大概于本年夏秋之际，华嵒来到扬州。其间，华嵒与友人颜峄、许滨、郑燮集于程兆熊之桐华庵合作了一幅《桐华庵集胜图轴》。

在来往于杭州、扬州的卖画生涯中，华喦与众多名画家相识、相交，此次雅聚留下了他们艺术交往的痕迹。

程兆熊，字孟飞，号香南，工诗词，书画俱佳。乾隆时寓居扬州仪征桐华庵，故号桐华庵主。李斗《扬州画舫录》中对其评道：“扬州名园甲第、榜署屏障，金石碑版之文，皆赖之。”当时程兆熊在画坛与华喦齐名，扬州画坛许多名家与之结交，桐华庵成为画家们雅聚会友、切磋画艺的较为固定的处所。

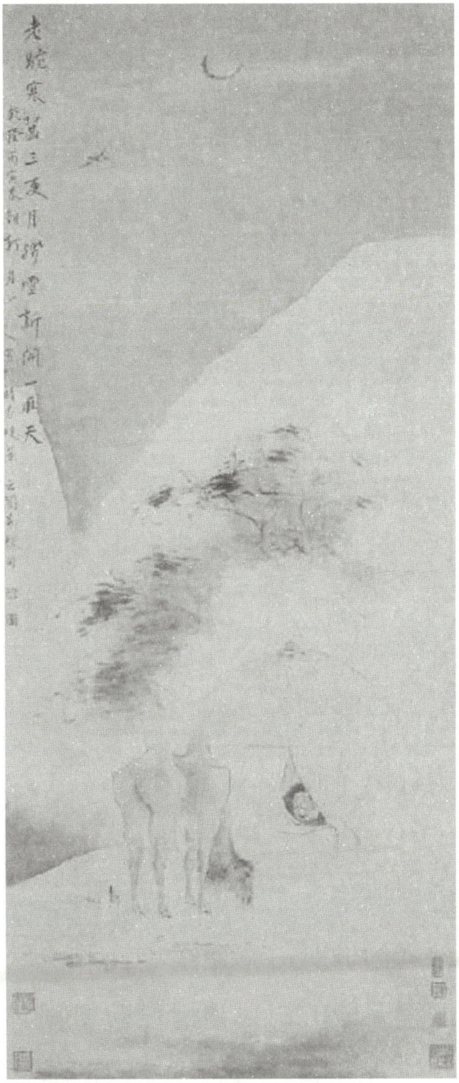

《寒驼残雪图》

九月的一天，华喦与颜峄、许滨在桐华庵谈兴正浓，此时“野鸟相逢，秋色争妍”。诸友见此佳景野趣，决定合作一幅《桐华庵胜集图轴》以记此难得之佳趣。“颜叟补石，许大写菊”毕，一旁的程兆熊就说：“此图似乎尚缺少一点什么，若得板桥先生加绘数支墨竹方妙。”

真是“说曹操，曹操到”，只听童子报曰：“板桥先生到了。”

郑燮，字克柔，号理庵，又号板桥，江苏兴化人，曾官山东范县、潍县知县，后客居扬州，以卖画为生。

礼毕，诸人就请郑板桥补绘上竹子。最后，由华喦在画上题数语以记之。

华喦这次在桐华庵与郑燮相遇，之前应就相识。有资料称，郑板桥曾经为华喦《浣沙溪》扇面题过一诗：“杨柳桃花几度春，隔溪歌舞认前身。吴官滋味如纱薄，洗尽江山是美人。”

华喦与画友们在桐华庵合作画，至少还有两次。

乾隆十五年（1750年）大暑，华喦与程兆熊、许滨合作了一幅《梧桐柳蝉图》。垂柳数枝，老干新枝，柔软细长，遒劲爽利，当出自华喦之手；柳枝上有夏蝉5只，或展翅欲飞，或振翅鸣叫，或栖息枝梢，或爬行嬉闹，可能为程兆熊所绘；而梧桐应为许滨所画。

乾隆十七年（1752年）春，华喦与丁皋、黄溱合作为程兆熊绘《桐华庵主像》。肖像画名家丁皋首先在生宣上为主人写真，他画的像所占幅面很小，但“运思落墨，均臻神妙”，风华正茂的程兆熊的眉目神情生动细腻。之后，黄溱补绘梧桐窠石以及桐华庵之一隅。随后华喦接过画笔，在窠石两旁各添上一只仙鹤。黄溱、华喦合作完成画中背景后，徐柱题上帧首。

老友与新朋

乾隆十二年（1747年）春，妻子蒋媛病情加重。华喦虽请名医朱南庐诊治，但她还是于三月二十一日辞世。华嵒在第二年她的忌日为她作诗两首：

其一

自伤衰朽骨，谁复劝支持。去岁逢今日，是伊绝命时。

春归尚有返，水落无还期。酹尽杯中酒，音容何处追？

其二

显晦人神异，空嗟岁月迁。悲来情莫遣，感往事多牵。

庄老固称达，潘生诚可怜。痛抛余日泪，宁复整孤弦。

再次经历丧妻之痛，令年老的华嵒雪上加霜。他将痛苦深深地埋在心底，移情于大自然，将自己从大自然中感受到的生命的顽强与美好，用艺术语言表现出来。与友人的交往也是华嵒舒缓悲伤、调整心态的重要方式。

这些年，除了叔丈蒋雪樵，远在浙东的魏云山成了华嵒几乎硕果仅存的老友。在家照应蒋媛期间，华嵒恢复了由于常年客寓外地与魏云山暂时中断的诗画交往。乾隆十一年夏天，魏云山过八十大寿，华嵒寄诗一首以贺。

蒋媛去世后，倍感孤寂的华嵒更加思念魏云山。但他知道，自己年老体衰，云山更是耄耋之龄，今生是难得一见了。他只能通过寄诗的方式向老友倾诉。

在一个秋雨之夜，孤独的华嵒难以入睡。他写下一首诗并寄给了魏云山：

《秋宵有作兼寄魏云山》

守陋甘为木石邻，素心吝与茗泉亲。

浮名挂齿他时事，老疾钻筋此日身。

秋雨欲愁搜乱简，黄花新瘦忆幽人。

数声清响江边过，似断还连听未真。

魏云山为了淡化年老丧妻的好友的悲伤，通过索要作品的方式转移华嵒的注意力。华嵒就绘制了一幅《鸟鸣春树图》赠予好友。他将自己的心灵苦痛融进了画上所题小诗中向好友倾诉：“幽情郁已结，何为慰孤吟。申条索佳侣，吐响流悲音。”

这一时期，华嵒还与晚年新交的几位朋友交往颇多。其中有一位是在杭州经商的徽商吴雪舟。华嵒与他相识于乾隆十一年秋的一次出游。当时喜游览、爱结交的吴雪舟邀请杭州名诗人周京等结伴出游。周京与华嵒也是认识已久的朋友，他力邀华嵒一道加入。此次出游，大家先登天目山，又放舟游金阊，系舟夜游虎丘。途中，他们纷纷赋诗记游，华嵒创作了一幅纪实性山水画《周穆门吴游图卷》赠予周京。这次经历使得吴雪舟对华嵒的全面的才华钦佩不已，华嵒也视爱好山水意境的吴雪舟为同好。乾隆十二年夏天，华嵒应吴雪舟所请为其绘制《洗桐饮鹤图》并题诗二首，对这位新朋友的雅趣表示赞赏。到了冬天，吴雪舟又从老家新安千里冲寒，来到华嵒家中请他为自己绘小像一幅，华嵒遂为其作《吴雪舟秋山放游图》并题长诗。乾隆十三年（1748年）春，吴雪舟离开杭州归乡养老。在依依惜别之时，华嵒拿出为其所绘的《吴雪舟黄山归老图》相赠。

华嵒晚年新交的朋友中有几位年轻人，其中又以与王茨檐、王容大交往最为频繁。

王曾祥，字麐征，号茨檐，仁和人，康熙末诸生，有《静便斋集》10卷传世，他是华嵒朋友符圣几的挚友。乾隆三年九月，

33岁的符圣几英年早逝，王茨檐为其诠次《秋声馆吟稿》一卷，于乾隆四年刻成。

王茨檐与厉鹗、金农诸人相唱和，是一位“空斋横赤臂，极耕且弗恃。仰面伸高怀，梧桐青若似。出门索美酒，嗜醉如泥耳。披襟散馀带，趿拉傲双履”的不羁之士。一次，王茨檐向华嵒索画《乞食图》，华嵒欣然答应了他的异于常人的请求。画毕，华嵒又题诗赞美了他不同于流俗的率性风度。不久华嵒又为王茨檐画了一幅《柳池清遣图》并题诗。可以看出，华嵒与王茨檐这种密切交往是建立于彼此相似的思想与性格之上的。

王德溥，字容大，号澹和，钱唐诸生。其父王钧，字驭陶，是一位嗜古笃学的宿儒。王容大少年时游历京师，晚年回到杭州养老。王容大事亲至孝，他买下了北墅金氏的故居友庄并改名为“养素园”，作父亲颐养天年之所。

金氏的友庄原本有十景：绕屋梅花、倚楼临水、远树柔蓝、干溪雨涨、夏木垂荫、疏雨梧桐、三秋丹桂、古寺鸣钟、秋深红叶、远山雪霁，王氏又对此园重加修葺。王容大的友人、“西泠八家”之首的丁敬曾对养素园作过叙述：“湖墅归锦桥之南有园曰‘养素’，花深鸟闲，亭榭疏窗，周不五亩……景趣递变，即游衍竟日，未欲遽去者。”

贤内助去世，华嵒无心作画。为了克服丧妻之痛带给自己的不适，早日调整好心境投入创作，恪尽养家的职责，华嵒也常常游览周边景色。乾隆十三年三月十五日，天气明洁，风和日丽，华嵒想到王容大的养素园与之畅谈，于是就雇了一条小船，去王

容大位于归锦桥之南的家。上岸后，再穿过一条掩映于梅竹松桂间的小道，就到了王容大的家。听到华嵒的声音，王容大高兴极了，他以年轻人特有的朝气小跑着迎上来，将华嵒让进屋。欢谈之际，华嵒看到王容大放在案几上的几页诗笺，字迹尚未干透。华嵒拿起一看，原来是王容大刚吟得的一首咏鹅诗。赏毕，华嵒觉得其“清新雅调，迥越凡响”，于是主客切磋起诗中的佳句，继而大谈起文人雅士关于鹅的情趣。回家后，华嵒还兴致不减，依着王容大诗中的“翻身穿翠荇，侧翅拂清波”意境，画成一图并题诗赠送小友“索笑”：

圆池媚幽泛，拨浪摇轻烟。群游戏新碧，单影翻空渊。
长项含歌举，素毛折风妍。侧睇略不审，恣意诚有搴。
绿萍试一唼，荇带青欲缠。依依清槛下，时获右军怜。

王氏父子都爱书如命，养素园中又筑宝日轩为藏书之所。乾隆十四年（1749年）腊月，天气严寒，华嵒闭户不出。忽然他听到有客来访，迎至门口，原来是王容大拎着酒菜来与他对饮。酒过三巡，王容大道明来意：

“秋岳先生，这次是家父派我来请您为寒舍的宝日轩写图，不知先生肯否惠赐墨宝？”

“令尊大人立志世守儒业，能够于青山绿水间课子攻读、耕读传家，我辈钦羡之至。山人岂敢拂驭陶先生此番雅意？”

于是华嵒临案挥毫，将他对宝日轩的印象付诸笔墨。一番点染勾写，不一会儿就完成了一幅《宝日轩图》。只看那幽处于小桥流水、松石竹菊间的宝日轩，随着笔墨气韵形成一种温雅淡泊的意味，流动着静、虚、恬、淡的古意。最后华嵒题七绝一首：

世守青箱课子孙，稻花香里别开门。

小桥活水粼粼浪，卷入渠塘绕一村。

对于重情的华嵒来说，丧妻之痛难以挥去。宣泄伤悲后，华嵒开始更为从容地应对自己的责任。他尽力维持着家庭的生计，担起家庭的担子。在乾隆十三年，华嵒迎来创作高潮。本年以及接下来的乾隆十四年初，他画了《春夜宴桃李园图轴》《折枝牡丹图轴》《花鸟轴》《仕女轴》《耄耋图轴》《牡丹图轴》《耄耋图》《鸲鸽图轴》《桃花鸳鸯图轴》《碧桃鸳鸯图轴》《竹林七贤图轴》《花鸟图轴》《寿星像轴》《人物图轴》《春宴图》《柳塘翠鹭图轴》《柳塘鸳鸯图轴》《墨竹图》《仙人白鹿图轴》《瑞午图轴》《戏蛇图》《花鸟五段卷》《竹楼图》《杂画》册、《隔水吟窗图》《豆荫闲话图》《水鸟芦花图》《村童闹学图》《钟馗嫁妹图》《柏石聚禽图》《桐荫新绿图》等大量作品。

《仙人白鹿图轴》

《仕女轴》（局部）

古稀之年尚奔波

乾隆十四年（1749年）秋，华喦在杭州城东的近城处购置了一些田产并移居于此。他新盖了几间草屋，园子里种上花草、竹子，想到自己经过多年努力，年老时终于可以薄有家产留给子孙，华喦的心情很好，作诗庆贺：

《移居》

卜居东里傍城隅，草草三椽结构粗。
木榻纸屏非避俗，蒲羹蕨饭自甘吾。
新锄小圃移花竹，闲课长须制名炉。
深喜太平扶老日，尚能诗画养憨愚。

新家虽然简陋，但可一边笔耕，在笔墨中抒发情怀；一边半耕半读，督子课业，即使粗茶淡饭也甘之如饴。

华嵒带领儿子在田间辛勤劳作，享受着在自家田地里耕作、收获的乐趣。丰收之时，也不忘留点田间稻穗分与小鸟雀：

自课农工不费时，石田烟雨碧丝丝。

稻头赚得三秋息，分取余香啖雀儿。

（《画稻头小雀》）

不知不觉间，到了乾隆十五年（1750年）。初春，画友许滨来杭州探望华嵒。两人在华嵒的书斋解弢馆中切磋，并合作了一幅《桃柳双鸭图》。因为两人年龄加在一起共两个甲子（即120岁），因此题上“花甲重周”4个字。

金农在其《冬心先生画竹题记》中曾经有言：“丹阳许濒江门擅画窠石水仙、薄冰、残雪，时见嫣然。赵子固九十三茎画法，江门深得之。汀州华秋岳侨居吾乡，相对皆白首矣，尝画兰草纸卷，卷有长五丈者，一爚饭顷便了能事，清而不媚，况闻峦香散空。中谷二老每遇古林茶话，各出所制夸视，予恨不能踵其后尘矣。”金农生动地记叙了两位老画家在一起切磋时“斗画较劲”的场面，许滨、华嵒的风雅情致及其深厚的友谊也尽显其中了。

华嵒自然乐意在家中吟诗作画，怡情养性，课子攻读，享受天伦。但他明白，购置田产后家中积蓄已所剩无几。六月，他带着新春以来所绘制的《仕女图》《老松双鹤图》《钟馗图》《松鹤图》《林梢野鸟图》，以及前两年的一些作品又去扬州售卖。

此行进展尤为顺利，一月左右画作就全部售完。华嵒带着愉悦的心情与许滨、程兆熊等友人相聚后，七月便渡江南返了。舟

《松鹤图》

行江上，华嵒吟诗一首抒发了自己的惬意心情：

《庚午七月渡扬子江口拈一首》

挂席渡扬子，轻舟破浪飞。江声万里至，书卷一担归。

大火流西日，秋云溅客衣。由来天堑险，南北望微微。

为了早点恢复精力，华嵒在家里调养着身体。他在解弢馆东北隅一块空地另搭一简陋小间，名曰“独乐室”，并写下《庚午十二月独乐室作》：

老力艰走雪，闭户避寒威。

乐我独乐室，新日曝人肥。

斯是陋室，但可寝杖息游于其间，倒也其乐融融。尤其是到了冬天，畏寒的华嵒可以在此“临轩曝背，通体爽然，然虽附尘市，尤当高岩峻壁以此自乐也”。乾隆十六年（1751年）新春之后，天气逐渐转暖，华嵒又勤奋创作。夏末，他携本年所作的《花鸟图轴》《寒山拾得图》《调弦图》《春江秋兴图》《荷花白鹭图》以及去年所作《鱼藻图》《三星图》《山水》册与《花鸟虫鱼》册去扬州售卖。

“一片金焦月，曾经几夜看。昔游春末宴，今也夏将阑。客味咀含涩，江波泛涩难。澄眸入白雾，万里白漫漫。”夏夜，客舟渡江前行。华嵒看着头顶的那轮无数次见到的江月，想到自己这么多年往返扬州、杭州，已经到了古稀之年，仍然还要为衣食奔波，不禁心生凄凉。

在扬州，员果堂儿子员艾林像当年父亲一样热情招待华嵒住进渊雅堂。好友员周南得知华嵒来扬州，也特地从仪征赶来陪伴他到郊外游山。

十月七日，华嵒在扬州迎来70岁生日。员艾林置备了芹酒为他祝寿。华嵒很感动，赋诗一首：

素侣同兰蕙，道心日以微。

颜和双颊展，鬓淡一丝飞。

旨酒生香嫩，鲜芹碧玉肥。

矧余虽不吝，如子重情希。

初冬，当年的第一场瑞雪之后，员艾林迎来20岁生日。他请华嵒给自己绘图纪念。华嵒为这位故人之子画了一幅《荷池纳凉图》并题五言古诗一首：

偶尔池上眺，复此香中吟。不有耳目善，何适怀古心。

顺委非求逸，逊退固欲临。潜鲜俟神雨，偃憩正清襟。

歊气寂已蔑，柳汁腻已深。蜩淫哢风细，水作吹虚阴。

平野萦疏薄，淡回翳修林。娇阳含远榭，众象咸愔愔。

这年冬天，寄居员家的华嵒大病一场。除了员艾林悉心照料，汪学轩、张四教经常过来问候、帮忙熬药外，探望者再无他人。想起之前求画者络绎于馆的景象，华嵒心中凄凉之感可以想见。生活的窘迫、世态的炎凉，华嵒看在眼里，积郁心中。病中的华嵒思念起杭州家里的两个儿子：

我命轻如叶，飘飘浪里浮。四盼蔑援绠，一念默中求。

佛王垂慈惠，现以金光楼。望楼思二子，泪下不能收。

好在有几位好友的陪伴、精心调理，一个多月后华嵒能起床了。这场大病使其更为清醒地意识到身体已经无法继续承受奔波劳顿之累了。

新年前后，员周南也迎来自己40岁生日。身体已经基本痊愈的华嵒特地为他作《奉萱图》并题五律一首以致贺：

既不为人用，复不受人怜。披发佯狂笑，跣足跋荒烟。

四顾阴露密，荆莽高蔽天。徘徊歧路侧，踯躅不能前。

中洲荻可伐，结庐清江边。花茗堪供母，妻有健妇贤。

闭门饮江水，青山环几筵。或鼓铜斗歌，或诵逍遥篇。

春风拂花雨，秋月杯中圆。黄芦冒短楫，舴艋侣鸥眠。

四十不当意，儒冠敝华颠。手植数茎草，奉母永延年。

华喦的诗展示了员周南的气韵风度和操行品格，他那张扬个性、追求本真的名士风采正是华喦所欣赏的。

乾隆十七年（1752年）二月初，适逢程兆熊36岁生日。借祝寿的机会，华喦与友人们一一话别。

二月初九，已经71岁的华喦在小雨中登上南返的客舟，结束了奔波扬州的售画生涯，从此，在扬州的售画事务就由儿子华浚代为奔走了。

初十凌晨，天已放晴。客舟经过扬子江畔的镇江焦山。华喦眺望焦山，看着初升的太阳将已经有着绿意的江岸染上一抹新红，吟诗一首：

《壬申二月归舟渡扬子作》

春棹发杨子，微风扑面和。新红黏碧岸，初日荡金波。

独鼓归山兴，长怀采蕨歌。焦公高隐处，千古一青螺。

诗中借赞扬身居乱世甘充藜藿高隐不出的焦光，表达了自己的归隐之心。

第六章

挥毫不辍

华喦在71岁最后一次从扬州回家后，从此安顿杭州，与子孙安享天伦之乐。他在晚年依旧不改热爱自然的本性，用画笔表达对离垢的理想境界的追求，虽然贫病交加，但手中画笔不停，由儿子定期往返扬州代售，平静地度过了一生。

闲居解弢馆

乾隆十七年（1752年）二月，71岁的华嵒结束了最后一次扬州之行回到家中，从此再未离开杭州。

华嵒将自己的书斋命名为“解弢馆”。“解弢”语出《庄子·知北游》：“解其天弢，堕其天袠，纷乎宛乎，魂魄将往，乃身从之，乃大归乎。”庄子指出人应解开天然的束缚，才能获得身心的自由，这是人生修养的一种境界。华嵒意在以安贫守拙、矢志求道来守护自己的真性情，表达脱去时习、发乎性情、抒写本真的人生理想与艺术主张。

解弢馆的东北侧有一块数丈见方的闲地，华嵒种上竹子、花果，置放石数方。暮年的华嵒更加渴望能够做到像挚友员果堂一样“绝不为世喧所扰，而惟以山水云鸟自娱”。自归老家中，华嵒就“置杖闲居，无关家事，而晴窗静榻，良可娱情”，纸窗竹榻，境静而不冷，饶有幽趣诗意。

这一年的七月二十三日，老友张瓠谷让张四教写信给华嵒，想让他再来扬州，以便为他谋取一个画画进贡的差事。八月二十日，华嵒复信婉言谢绝：

> 弟以晚年迟钝，意欲老守家中也。今蒙尊翁先生不弃荒拙，赐札见招，雅意谆谆，敢不努力以就高望耶！况得相依请教，弟之幸也。奈弟迩来眼昏手颤，举动维艰。向前时日，冷多暖少。贫士起居，苦家事扭结，何问尤衷？所以，转辗畏缩，未敢就道。若能待明春请教

可也。但时下当道多有画各处地图进上，倘系此举，非弟所能也。祈长兄向尊大人并达弟感谢高请之意！……

随后华喦在创作中自表心迹，他在九月所作《庭花野雀图》上题了一首小诗：

庭花不逐时，霜后有冷艳。

野雀亦多情，窥睇无沃厌。

华喦自比为藐视世俗的“庭花”“野雀”，不逐时流，清静淡然。

不久，华喦又在《鸡头图》上题上“客味秋潭水，泠泠自淡白。墨坐饶幽情，真趣舒眉额”的小诗以志趣。

即便经历了流寓他乡、贫病交加的人生境遇，华喦始终保持高洁的人品、艺品。世俗的尘网再也无法网罗到这只“野雀”了。

山水抒怀乃华喦人生最大乐趣。但由于年老多病，他只能去离家不远的地方走走。即便如此，也会因天气阻隔而无法得偿所愿。乾隆十八年（1753年）初春，天气仍寒，淫雨不断：“春寒苦雨不能出，山水之情那得伸？”想出去走走的华喦只能待在家中，“聊倚青藤庭下立”。有着一颗诗心的华喦还是吟出“竹阴歌鸟暗窥人”的句子，在这美妙的歌吟中得到调适的心境也逐渐开朗。

到了仲夏，没有了春寒苦雨的烦恼，对于华喦来说是一个适合外出的时节。五月的一天，王収陶过七十大寿。那一天沈德潜、杭世骏、梁同书、齐召南、金农、罗聘、丁敬等名流齐聚养素园为他贺寿，王容大专程登门请华喦参加。祝寿之时，主人还邀请来宾们同题作诗，咏园中“十景”。事后，王容大辑成《养素园诗》3卷存世。主人当然忘不了请华喦绘制一幅《养素园》山水。华喦也算是借此一抒久违的山水情怀。

华喦终于能够在古稀之年安居家中，安享天伦，无须车马劳顿、寄居他乡。乾隆二十年（1755年）风调雨顺，家中田中早稻渐次抽穗扬花，长势喜人。一场及时雨后，满田的稻子，满池的菱角，风声、鸟鸣，绿意盎然。养病的华喦喜而吟出《喜雨》诗一首：

忽热忽凉调气候，乍晴乍雨作霉天。
钻云便有呼风鸟，出水而多傅粉莲。
早稻结胎香绿嫩，新菱卷角冷红鲜。
喜看农事十分妙，算得今年胜往年。

初秋时分，早稻喜获丰收。华浚栽种的莲花今年开了两朵。“荷”字与“和”字同音，荷花向来被视作吉祥之物。于是华喦喜不自胜，绘图并题一首四言诗“丽质中通，发华吐瑞。照耀玉堂，福蒙天赐”，以志佳瑞。

到了寒冷的冬天，华喦就完全无法外出了。老人常常倚在床头，随意抽出书本翻看。但他的精力已经大为不济，记忆力衰退，视力下降，很难继续读下去：

北风酸辣吹老屋，闭户不出缩两足。
焚香昼坐有余闲，信手抽书向日读。
但苦精神不如少，细字模糊读难熟。
即能熟时也不记，何况多读又伤目。

产生倦意的华喦不禁起了“口腹之欲”，此时如果有“美酒

《秋声赋图》

与烂肉”来解馋御寒该有多好！“年来渐老体渐衰，唯思美酒与烂肉。若能顿顿下喉咙，且醉且饱享好福。”（《冬日读书》）

对于华嵒来说，顿顿有酒肉饱口福自然是不现实的。已接近人生终点的华嵒不改山林之志，仍借着手中之笔表现自己对解弢、离垢的理想境界的追求，抒写不与世俗同流合污的意趣：《秋声赋图》描写欧阳修夜读书，感慨“草木无情，有时飘零。人为动物，惟物之灵”；《陋室铭图》借赞美陋室以寓“斯是陋室，惟吾德馨”之志；摘陶渊明句作《渊明归趣图》，华嵒亦归去来兮，在山水的乡居里，已经心境归宁，他在对花木写生中

借景抒怀。从其《自题写生六首》“摩诘庭前鳞未老，渊明篱下影长孤。耻从东岱观秦礼，错使人疑五大夫”（《松》）及“白衣不至酒樽闲，五柳先生正闭关。独向篱边把秋色，谁知我意在南山”（《题菊》）中，可以看出他对陶渊明生活方式的认可以及对他高洁人品的倾慕。值得注意的是，这一时期华嵒的许多诗作，由习惯用典，转而为平白浅易，有客家山歌的某些特点。

壮士暮年

华嵒以“离垢”“解弢”作为自己的人格追求、人生理想和审美情思已经有二三十年了，但他毕竟亦曾“少年好骑射，意气自飞扬”，年轻时有着远大的理想抱负。暮年华嵒虽已“株守蒿园，无异枥下老骥”，但他仍然不时用手中之笔抒写着壮志豪情。

因为年老体衰，华嵒无法再像以往那样入山探幽访胜了，但他时常神游于当年亲历其境的雄奇瑰丽的景色中，在回忆中心随笔游，血气豪情被激发、宣泄，幻化成一幅幅艺术图卷。

边塞行旅是华嵒经常表现的题材之一。华嵒中年时曾经北游恒山，西游华山，饱览雪山寒驼之景，其《寒驼残雪图》《天山积雪图》等作品便形象地抒写了这种奇妙感受。

在华嵒于乾隆十一年春天绘制的《寒驼残雪图》中，天寒地冻、晓月高悬的雪夜，一旅者与骆驼露宿山路。左上以淡墨染底表示雪夜的阴霾，以浓墨勾出一弯残月与孤雁，这与下部留白所表示的残雪形成对照，视觉反差强烈。在雪山脚下寒林枯树旁，一匹枯瘦的双峰驼正低头啮雪，帐篷中一人向外观望。左上题曰：“老驼寒啮三更月，残雪新开一雁天。遥忆曾经羁旅客，近觉深庭孤鸿影。”报国之志已然成梦，但边塞豪情依然表现于笔下。

乾隆二十年（1755年）春，华嵒于讲声书舍作《天山积雪图》。天山脚下一个身披大红斗篷、藏掖宝剑的旅客，牵一匹老驼，艰难地缓行于冰雪之中。天色灰暗，四野空旷，道路漫漫，白雪皑皑。一只孤雁横掠空中，旅者和老驼举首仰望。画面构图狭长，造成天高地迥的视觉效果，以衬托人物孤寂的内心世界。

壮岁为实现抱负奔波，但怀才不遇，空有才华无人识，华嵒为自己一生蹉跎、抱负难酬而不平。晚年的华嵒曾写七绝诗一首：“抛掷两丸无息机，九州膏乳自空肥。乾坤浩浩人如虱，谁

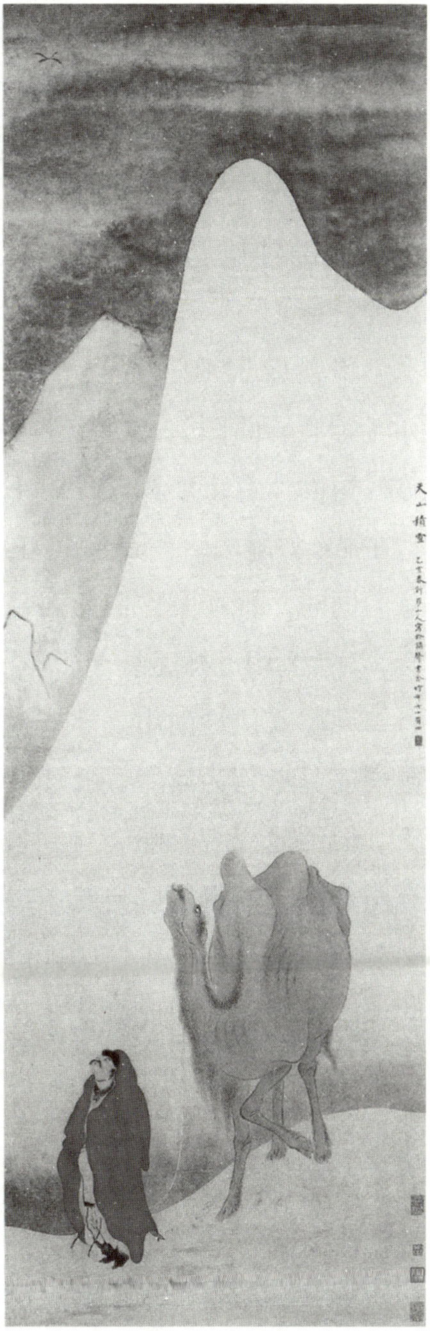

《天山积雪图》

识英雄在布衣。”（《题李靖虬髯公》），借典故讽刺那些位于庙堂之上的达官显贵的识人眼光还远不如侍女红拂。这种不满与失望在他的钟馗题材的画作中得到某种宣泄。

华嵒曾经画过许多钟馗像，如《钟馗聆曲图》《钟馗赏音图》等，这固然有市场因素的考虑，但他在描绘妙趣横生、形态各异的钟馗像的同时，也在其中寓意自己对社会、对人生中丑恶现象的深恶痛绝。

钟馗家住终南山，才华出众，赴长安赶考列为第一，有望状元及第。但因他相貌丑陋，受到皇帝嫌弃而落榜，气得当庭自尽。以失意文人的相似身份，钟馗却能够驱恶除鬼降妖捉怪，因此颇受华嵒这样的文士青睐。

一日，华嵒于暴风疾雨中快速画出一幅钟馗像，那是一位“虬髯拂拂怒不平”“扫尽人间蓝面者”的捉鬼英雄形象，剑未出鞘即如寒冰摄其心魄。

《虬髯客传》是唐末杜光庭创作的唐代传奇（收录于《太平广记》卷一百九十三），以杨素宠妓红拂大胆与李靖私奔的爱情故事为线索，描写隋末有志图王的虬髯客在“真命天子”李世民面前折服并出海自立的故事，曲折反映了广大人民厌恶战争，期待天下太平安定的美好愿望。该小说成功刻画了李靖、红拂、虬髯客这三个人的形象，后世称他们三人为“风尘三侠”。该小说对后世影响颇深，明代张凤翼和张太和先后所撰剧本《红拂记》、凌初成杂剧《虬髯翁》，均据此演绎而成。

传说中，钟馗是中国民间传说中能打鬼驱除邪祟的神。旧时中国民间常挂钟馗的像辟邪除灾。当时江浙一带的民间风俗，端午节在厅堂挂钟馗像以驱鬼避邪，这一风气在清代尤为盛行。

殷雷走地骤雨倾，龙风四卷龙气腥。
高堂独坐无所营，用力欲与神物争。
案有鹅溪一幅横，洒笔急写钟馗形。
双瞳睒睗秋天星，五岳嵷巃挂眉棱。
短衣渲染朝霞赪，宝剑出鞘惊寒冰。
虬髯拂拂怒不平，便欲白日搏妖精。
吁嗟！山精木魅动成把，更愿扫尽人间蓝面者。

（《雨中画钟馗成即题其上》）

乾隆十七年秋七月，华嵒以苍秀的笔墨绘制了一幅《钟馗称鬼图》。画面上，钟馗气质儒雅刚正，被绑缚称量的小鬼则丑陋惊恐，二者形成鲜明的对比，突出了以正压邪的主旨。场景中所绘人物皆刻画细腻，气韵生动，面部神情尤为精致，极好地表现了正、邪人物不同的心理特征。

《钟馗称鬼图》（局部）

乾隆十八年二月，华喦完成一幅《钟馗啖鬼图轴》。柳树下，长髯巨腹的钟进士准备啖鬼。华喦自题：“老髯袒巨腹，啖兴何其豪，欲尽世间鬼，行路无腥臊。”题诗抨击当时社会的歪风邪气，希望能有钟馗扫尽妖魔鬼怪。此图后来吴湖帆有题：“此图画钟馗啖鬼，有扫除世间邪恶、祈求太平之意愿。画笔生动，钟馗之豪迈强悍，群鬼之猥琐恐惧，一一形诸笔端，人物聚散有序，主次分明。背景用古柳一棵，苍干柔条，疏密得势，其上用浓墨点噪鸦，阴阳两隔，以二鸟连之，尤见妙思。”

《午日钟馗图》

当然靠钟馗除尽天下恶鬼，就像想让“佛王”这样的政治开明者荡清寰宇、清明吏治一样，只是一种幻想，对此华喦也是心知肚明。钟馗也有累的时候，在《瞌睡钟馗图》中就出现了“满场鬼子偷行乐，却趁先生瞌睡时”的状况。华喦用充满故事性、趣味性的画面刻画小鬼们的丑恶可憎嘴脸，对当时小人横行于世而执法者置若罔闻这一社会现象进行了批判。再如《午日钟馗图》中描绘小鬼对钟馗献媚取宠，钟馗也是一副醉醺醺模样。他题诗云：“黄油纸伞日边遮，中酒钟馗纱帽斜。醉眼也随蜂蝶去，小溪园里闹群花。”钟馗着乌帽绿袍，闲散地坐在椅子上，欣赏着园中锦葵、榴花盛开的美景，桌子上摆着端午节应景的水果、酒及粽子等物品。大腹便便的钟馗纱帽歪斜，醉眼惺忪，旁有五小鬼伺候，其中意味不言自明。

偃坐雪窗烘冻笔

华嵒长期奔波操劳，晚年回到杭州家中，他的本愿是“益我从玄志，逍遥乐余生”。但为了解决一家生计，提供儿子举业所需开销，他必须趁着精力尚好，努力作画。

华嵒在杭州也托亲友推销一些作品，如曾经将画放在“汪学兄”处寄卖，却不容易出手，价钱也上不去，故华嵒仍主要依托扬州市场。自己不能亲自到扬州卖画，就由三子华浚送去托张氏、员氏代售。华嵒在生命的最后几年写给张四教的书信所述几乎都与此相关。

张四教是张瓠谷的儿子，当年华嵒初识其父时张四教尚幼。长大后，一日其父领着他到员果堂家里，请华嵒指点读书，传授画艺。看着这个与自己孩子年龄相仿的故交之子，华嵒欣然允诺。之后张瓠谷又外出经商，张四教留在扬州跟华嵒学习。张四教经常以自己的作品求教，教者诲人不倦，学者恭敬谦虚。在华嵒的悉心指导下，张四教进步很快。他也尽心尽力利用家族资源帮助华嵒介绍主顾。两人相处日久，亦徒亦友，感情深厚。

华嵒到家月余就接到张四教的信，信中问起上次应一位主顾邀请，托华嵒绘制的册页进展情况。

因为思家心切，又恰逢雨天，华嵒上次离开扬州时走得比较匆忙，没有将自己回杭州养老之事告诉小友。他忙提笔为此次回家匆匆，不辞而别表达歉意，并告知画作进展情况：

> 弟自二月初九冒雨登舟，不先走面谢为谦。迩日想雅士起居，自多乐胜。尊翁大人有喜报不？念念！蒙嘱，册子尚未展笔，容当请教。令伯令弟祈叱名致意。上宣学兄文几。老友华嵒顿首。三月十四日拜。

接着张四教又有新的订单寄来。华嵒抓紧时间创作，接下来的数月，他准备了《山水图》《竹石花鸟图》《梅竹清音图》《桃柳聚禽图》《崇儒馆图》等画作，七月让华浚一同送往扬州，顺便捎去书信一封，请张四教关照：

> 相违日积，何甚感念！思迩来秋气渐高，雅怀愈清，正玉树临风，令人远想。弟株守蒿园，无异枥下老骥，此种情怀非良好莫知。今三小儿诣吴门小女家，弟因命其来扬窥见大方，进谒尊翁，面聆清讲。但小儿识浅学陋，诸凡感望按拂，不独小儿受益，则老朽亦感念无涘！承嘱，《玉堂佳丽图》写就奉到，但绢素绉缩，当发裱家托挺，方能适观，嘱其飞托为要。上宣传长兄为案。
>
> 尊翁先生处，奉托时祈属笔候安。前蒙令伯令弟多情，今奉上《称鬼图》请教，希致意，并领小儿王往候。同学华嵒拜字。

乾隆二十年春天，华嵒在画了《松鹤图轴》《牡丹竹石图轴》《天山积雪图轴》《泼墨溪山图轴》等作品后，又染上重疾，有近半年时间无法正常作画。恰巧此时张四教托人带来有人订购人物画的消息。华喦只好让华浚去“汪学兄”家取回之前在那里寄售的《美人图》，抱疾写信并画一起委托来人带回扬州：

屡蒙赐教，未克登堂叩谢，歉歉！《美人》幅因汪学兄抱疾，尚未与人看，今取回奉上，意中倘有赏音者或得高价与之。此种笔墨弟以后不能作矣。非敢自矜也，希谅之。上宣传知己。同学弟华喦伏枕书。

乾隆二十年，华喦让华浚携上年底本年初所绘《聚鹤图》《八百遐龄图》《荷花鸳鸯图》《松鹤图》等去扬州售卖。

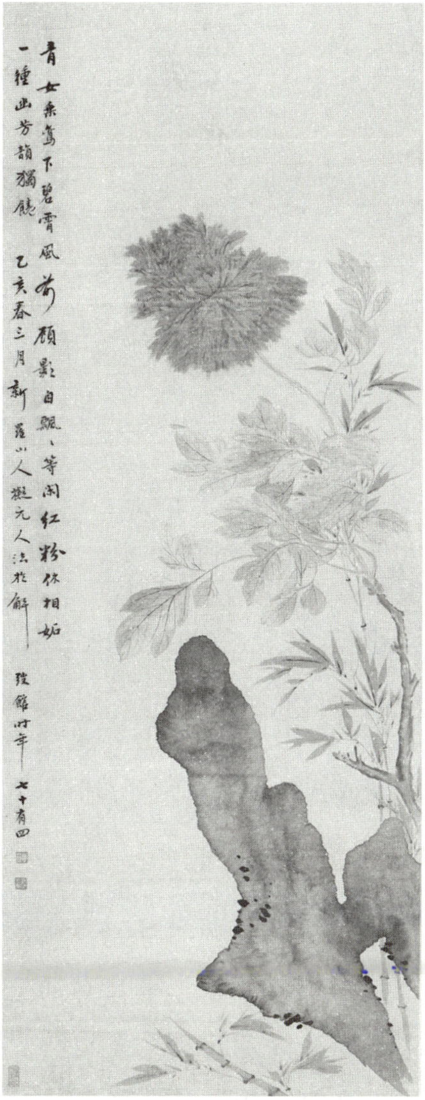
《牡丹竹石图轴》

九月初一接到华浚发自扬州的家书，内中附有张四教便函一纸。华喦从函中得知，张瓠谷已从江西回到扬州，另外有主顾定制一幅大尺寸《松鹤图》。于是他立刻复信，希望能够让主顾略微提高一点价格：

《荷花鸳鸯图》

《松鹤图》

九月初一日，三小儿家信回来，得接手书。知尊翁回府，喜甚！弟自春间一病，几至颓废。调理半年，尚不能复原为苦，是以少于修候。承嘱《松鹤图》，应命奉到。尊翁先生不另启，祈叱名致意候安。忆与弟在敝乡西子湖头一别数载，迥迥清尘，殊令人相思也。

……

弟晚年作此巨幅，运腕甚是艰苦。至于润笔，绝不敢较论。望于令友处转致增惠一二，则老人扣良友之爱多矣。

华喦年老体衰、生活拮据之状跃然纸上。垂暮之年，勉力作画，只求能多卖几个钱，个中辛酸让人落泪。困顿的生活耗尽了华喦的心血，他的境遇令人唏嘘不已。

华喦也曾为价格问题写信给员获亭：

> 蒙赐，谢谢！但知己良友不当较论。六数，弟仅得本耳，非敢赚先生之利也。今九申即九色矣！希大云概全其数，则叨惠殊深。走笔赧颜，惶恐，惶恐！获亭先生，同学弟华喦顿首。

看到垂暮老人的请托，张四教甚感酸楚，他努力在自己的亲友中为华喦介绍客户。对于小友的帮助，华喦自然是非常感谢，但有一次，当张四教介绍他为其侄儿画灯叶子，华喦婉言拒绝了。

> 琐事烦琐，殊为汗颜。方望知己商之。所言尊令亲一宗，祈为善画，足感！令侄处灯叶，可不必深言矣。此种笔墨弟废已久，实不能胜也。但蒙同情，自当图报有日。

虽然因为贫困不得已靠卖画为生，但华喦视自己的艺术为生命，他不愿意自己精心创作的艺术在烟熏火燎中逐渐消失。作品创作背后艺术家所付出的辛劳和心血不是常人能真正体会和理解的，华喦是多么珍视自己的创作心血！

接到订单，华喦立即投入《松鹤图轴》的创作。接下来他连续创作了《箫曲鸟图轴》《兰菊竹禽图》《秋声赋意图轴》《山高水长图轴》《渊明归趣图》《鸟悦明花图》《盘谷山居图》等多幅作品。

《盘谷山居图》

寒风叶落

清乾隆二十一年（1756年），华嵒在人生旅途最后一年仍然勤奋创作。尚在正月，天气仍寒，华嵒就“呵冻”画了《海棠禽兔图轴》。在接下来的整个春季，他连续完成了行楷《录陆游诗》册页、《寻春图》《山水花鸟图册》《碧桃鹂鸪图》《崇柯含秀图轴》等作品。六月，友人端五师五十寿，华嵒尽管身体欠佳，但重视友情的他还是作《听松图》一帧以祝贺。

这些作品固然主要是应市场需要而作，但都流露出华嵒自家性情。这一点在其题画诗上表现得一目了然。如，《崇柯含秀图轴》华嵒自题：“念彼素心人，水西筑花宅。尘踪罕克诣，椆庭绿苔积。乐与晤言之，宴然良有获。和光披疏襟，荡泱无障隔。

《海棠禽兔图轴》

《寻春图》

趣胜通乎神，智远近以寂。高啸出泥埃，赴韵擘滩沨。长袂揽负芬，修苕固投客。仰首烟靓霞，徘徊清潭侧。”再如，《山水花鸟图册》其六，华嵒自题：“饮酒非嗜其酣乐，取其昏以自豪；作诗非事于文律，取其吟以自适。神仙非慕其轻举，将不可求之事求之焉，求之欲耗壮心遣余年也。”华嵒在这一时期的作品上大量使用了“枝隐”印章，更是明确显示了他钟情山水园田的隐士情怀。

其中，《录陆游诗》册页中华嵒摘录陆游《南沮水道中》

诗句："砦舍临湍濑，罾船聚小潭。山形寒渐瘦，雪意暮方酣。久客情怀恶，频来道路谙。家山空怅望，无梦到江南。"年纪愈大，华嵒思乡情绪愈浓。想起故乡，他不禁老泪纵横。

此后，华嵒又因为病魔的折磨无法拿起心爱的画笔。

数月后，寒冬又至，整个杭城笼罩在一片雪白之中。一天，华嵒感觉似乎精力比前两天好了不少，思绪特别清晰。他隐约地感到心目中盘亘已久的那个精灵想与他对话。华嵒的视线越过家人摆放于窗边的炭火，望向窗外纷飞的大雪。他让在一旁服侍的华浚在雪窗的画案上铺好纸，摆好笔砚、颜料，然后在华浚的搀扶下颤巍巍地走到窗边。

华嵒时而用口中的热气呵一下画笔，时而稍微停一会儿，虽然华嵒感觉到那个艺术的精灵迫不及待地想跳出来，但他还是慢慢地画着，似乎时间在这一刻已经停止。终于，一幅《雪柳山禽图轴》接近完成，就缺题诗了。他要在画上题上一首心里面吟诵过很多次的诗。他用颤巍的笔题上：

新罗小老七十五，僵坐雪窗烘冻笔。
画成山鸟不知名，声色忽然空里出。

（《雪窗烘冻作画》）

华嵒再次赏玩着这首诗，感觉很满意。休息了一会儿，他拿出《离垢集》书稿，用笔将它誊抄于最后一页空白处。他抄得很仔细，但颤巍的手仍然使得笔迹显得凌乱颓唐。尽管如此，疲惫的华嵒还是挺高兴。

华嵒没有熬过这个严寒的季节，他清贫地度过了自己的一生，从此无须为生活奔波操劳。但华嵒身后留下的艺术瑰宝，足以令他青史留名。

华喦被安葬于钱塘钱千上埠岭。友人得知后无不悲怆不已，久久难以忘怀。12年后，张四教已经50多岁，其父张瓠谷也已经去世3年。这一年秋七月，难忘恩师容颜的张四教倾尽心力为华喦绘制了一幅《新罗山人小像》以寄缅怀之情。图中华喦形象生动逼真，栩栩如生。他侧身抱膝坐一石上，背略弓，发稀疏而白，两腮凹陷，形象苍老，表情深邃，凸显了其晚年贫困潦倒的境遇。张四教在画面右侧篆书题“新罗山人像”。画幅左端工整的小楷长题，表达了张四教对师长的怀念和尊敬之情。他用“盖画意不画形……虽然画艺也，艺成则贱。必先有立乎，其贵者乃贱之，读书以博其识，修己以端其品，吾之画如是而已”等语记述下恩师当年对自己的谆谆教诲。

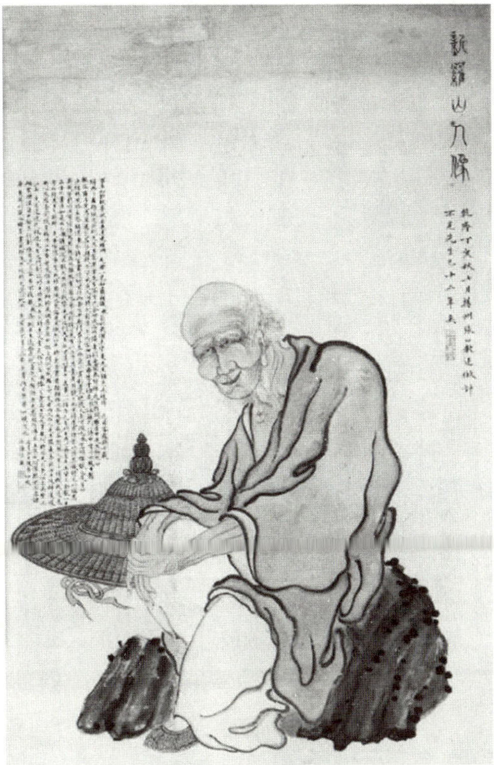

张四教所绘《新罗山人小像》

华喦辞世4年之后，三子华浚考中乾隆二十五年（1760年）恩科举人。华喦诗集《离垢集》5卷被他的后人藏于家中，道光十五年（1835年）由闽汀华氏后裔华时中刊行于世。

道光乙未仲夏月

新羅山人離垢集

序

新羅山人畫名噪海內百餘年矣賞鑒家謂與吾郡南田老人匹嘗獲觀其遺縑卽尺幅亦有題詠味其筆妙覺自成一家者然竊以為是必有集然憾無由窺全豹也僕旋里之次年忝主仙源講席重與大令華君榕軒過從談藝乙未夏忽以詩卷出示展之乃新羅山人離垢集若干首將付剞劂徵僕一言為序僕益信初見之不謬也携向海山慧業處焚香靜坐每讀一過口角流沫蓋古今諸體如氣之秋如月之曙性情所至妙不自尋而後知山人一生實以詩鳴畫猶緒餘耳舊稿五卷山人手自繕寫書法高

第七章

高峰巍峨

华嵒“诗书画三绝”，是扬州画派的一位代表性画家，改变了该画派的面貌，且对中国画坛也产生了积极的影响。他的作品数量多，质量精，在世界范围都享有盛名，被国内外的博物馆争相收藏。

艺苑曾标三绝誉

华嵒不仅是绘画大师，同时兼擅书法，工诗，被誉为“诗书画三绝”。曹鸣铃曾经称誉华嵒“艺苑曾标三绝誉，骚坛共仰一时雄”。

华嵒书法原取法钟繇和虞世南，并博取各体之长，笔法外柔内刚，圆润遒丽，楷、行书法多有异趣。

华嵒诗作600余首收在《离垢集》《离垢集补钞》中，深受后人喜爱和推崇。华嵒的诗，恬静淡雅，清新自然，倾注了真情实感。无论咏朗月清风鸟兽虫鱼花草树木，抑或吟名山大川亭阁楼榭，还是拟古抒怀、赠良师益友相互酬唱、诉思乡之苦、痛挽挚友与眷恋亡妻，都展示了他远离污垢的君子襟怀。徐逢吉赞其诗“书句多奇拔……长歌短吟，无不入妙……求其文质相兼而又能超脱于畦畛之外如斯人者，亦罕觏矣！其诗如晴空紫氛，层崖积雪，玉瑟弹秋，太阿出水，足称神品”。厉鹗说：“我爱秋岳子，萧寥烟鹤姿。”后世文人也对《离垢集》好评有加。顾志熙谓：“诗情怪底清如许，出水窟中洗髓来。”季惇云：“格比秋高岳并肩，身兼仙骨笔如椽。”杨鼐慕追华嵒“惯汲清泉浇磊块，扫除俗气入烟霞”。

华嵒是一位在中国绘画发展史上做出了杰出贡献，占据重要地位，也对后世产生积极影响的艺术家。华嵒与“扬州画派”有着极密切的关系。他与“扬州画派”当中具有代表意义的数位画家，如金农、高翔、许滨等人往来密切，与李鱓、郑燮、黄慎、杨法等也有交往。在互相影响的同时，华嵒的画风促进了扬州画派的构建完善，也影响了该画派的面貌和走向。

华嵒一生留下珍贵画卷千余件，其数量居扬州画派首位。这些作品大多藏于国内各大博物馆、收藏部门及收藏名家之手，还有一些流散民间和海外，主要是日、美、法等外国美术馆中，成为世界艺术珍宝。故宫博物院收藏并出版了《华嵒花鸟册》8幅、《华嵒杂画册》12幅；日本出版的《中国南画大成》收录华嵒的画有10幅。

华嵒是位多能画家，他的人物、花鸟、走兽、山水都取得极高成就，尤以花鸟画最负盛名。当代国画大师张大千在华嵒《山水册》题跋："新罗山人以人物、山水、花鸟擅名乾隆间。……此册画诗书当称三绝。研究山人笔墨永以此为至臬可也。"著名画家吴湖帆在华嵒杭州《山水册》题跋："精光满室，射十步之外。笔法圆健处且夺南田。……新罗素以人物摄神擅盛名，花卉亦与南田相颃衡。……至宝！至宝！"当代国画大师黄宾虹题华嵒《箫曲鸟图轴》："新罗山人画纯以书法参入其间，笔笔如枯藤坠石，遒媚有致，若徒观其神气飞动，犹未得虚空粉碎之妙也，咏香都绪得此，当如焚弓也。"近300年来，华嵒的画风一直对中国画坛起着积极的影响。

华嵒亲传弟子不多，他自称"吾生平无门弟子"。除了儿子华浚、侄儿春生，华嵒曾经指教过的只有张四教、员氏子弟、奚因、汪涟等。华嵒去世后，私淑者却与日俱增，其画风为扬州画界所继承，最著名的有朱本、管希宁、李梅生、虚谷和尚等。他逐步成为影响清中后期中国画坛的一代宗师，几乎左右20世纪中

国小写意画坛的绘画风尚。受他影响的画家有任伯年、黄宾虹、虚谷、吴昌硕、唐云等，俨然形成了“新罗画派”。画家们以画风近新罗为高明，他们纷纷在自己的画幅上标榜“效新罗山人笔意”，表示对这位大师的师承和尊敬。华喦的奋斗历史更是激励了如齐白石等出身工匠者，在艺术之路上不懈追求，拼搏奋进，取得成功。

改革开放后，华喦的作品即被国务院定为全国首批严禁出境的“国宝”。

诗画之乡文脉传

华喦的故乡上杭县是千年古邑、客家名城，特别是诗文书画，更是源远流长，是享誉八闽的“诗画之乡”。明代有李源、莫梦琦、张珏、邱大儒等书画大家。尤其是清代，呈现一派繁荣景象，除被誉为“诗书画三绝”的一代大师华喦外，还有应元、薛洺、陈公信、童昌景、周典煌、李奎光，以及李济、廖蔼堂、廖瑞钟、廖海村诸画家，人才辈出。民国以来，宋赉臣、丘洄、罗晓帆、宋省予等都是国内外享有盛誉的名家，而擅画竹的薛稼塘和专画虎的李少奇也闻名遐迩。进入当代以来，一批批书画人才不断涌现。宋展生、胡一通等10人为中国美术家协会会员，宋展生诗书画兼善，尤以画仙鹤闻名大江南北，被誉为“中国鹤王”；温文茂、丘能鲁、陈柏永等6人为中国书法家协会会员，温文茂“筷子书法”独树一帜，被誉为“客家神筷”；张杏夫、杨明标、邹泉生、兰华生等一批画家的作品扬名闽粤赣边，精彩纷呈。此外，上杭本土书画家有近百人加入了福建省美术家协会、福建省书法家协会，形成了浓郁的乡土书画艺术氛围。

潮平两岸阔，风正一帆悬。在21世纪的今天，“诗画之乡”诸多同道传承华嵒等前辈技艺，融合创新，厚积薄发，从高原向高峰奋力前行。

余　绪

扬州八怪十五家，中有客家乡亲黄慎、华喦。

黄慎在宁化，在武夷山中段东麓的山海之中，在唐宋以来的世外桃源、中原群族南迁的中转站——客家祖地石壁村；而华喦则静静地端坐在汀江岸边，深邃、智慧的目光中，有几丝忧愁。

历史上，多少丰功伟业，化作了灰飞烟灭；多少大富大贵，如雁渡寒潭。而华喦，却注定要永远存留下来。

据薛永年所撰《扬州八怪年谱·华喦年谱》（简称《年谱》）云：华喦，原字德嵩，改字秋岳，号新罗山人……清康熙二十一年（1682年）生于上杭县白沙村华家亭，自华喦而上，五世皆布衣。华喦虽“空贫辍学，投造纸坊，随父佣工”，却“矢口成吟，落笔生趣”。《年谱》又说他“才及冠，以为宗祠画壁，轰动乡里”。

按当地的民间传说，这“宗祠画壁”是导致华喦出走的直接原因。当地一位作家曾以生花妙笔描述了这一事件：话说宗祠落成之日，按惯例，须聘请画师作壁画，华喦既然有“落笔生趣”的本事，自然当仁不让，不料，竟遭族长训斥。当晚，华喦潜入宗祠，一手举火把，一手持画笔，在墙壁上泼墨淋漓，然后，远离家乡。

当地一位作家动情地写道：他望着家乡的山山水水，眼泪就流了出来。

《年谱》记载：康熙四十二年（1703年），华嵒“自闽来杭州”。那年，华嵒22岁。古时“及冠”的年龄为20岁。如果民间传说准确，那么，华嵒到达杭州，花了大约两年的时间，闽浙山水相连，空间距离不算太遥远，华嵒这两年，想来会有很多故事。抬足出走，辗转去了杭州，人海茫茫，岂不知杭州居，大不易？《年谱》说“遂橐笔杭州，鬻艺游学”。鬻艺，也就是卖画，一个小镇的才子佳人想在三吴都会、卧虎藏龙之地崭露头角，谈何容易？

华嵒在杭州站稳了脚跟之后，就和友人联袂北上京师，这是康熙五十六年（1717年）前后的事。

京师之行，民间有两种传说，耐人寻味。一是有位当朝的大官，向康熙皇帝推荐了华嵒，康熙便考了考他，华嵒成绩优等，被授予县丞官职（正八品），华嵒不愿当官，走了。二是华嵒在京师期间，落落寡合。一日，有人来卖画，裹画的废纸就是他的作品。华嵒长叹一声，拂袖而去。

事实上，华嵒求官难成，遂离开京师，之后，便壮游五岳名山，返回杭州。而与扬州结缘，乃是雍正初年之后的事，华嵒往返于扬州杭州之间，画名益著。

彼时的江浙苏杭一带，繁华盛极一时，所谓“东南繁华扬州起，水陆物力盛罗绮”是也。而建立于经济基础之上的绘画艺术，就有了广阔的回旋余地。更重要的，是艺术家之间的交流与碰撞，“扬州八怪”而外，“金陵八家”“新安画派”“槎南二周”诸门派高手，千姿百态，万壑争流。华嵒也成为画坛名流。

《年谱》评介他：“花鸟虫鱼，人物山水兼擅，其画不求妍媚，脱出时蹊，机趣天成，为空谷足音；楷书追纵钟王，行书整整斜斜，别成一体，诗亦文质相兼，又超出畦畛之外”。《辞海》说：“画格松秀明丽，空灵骀宕，别树一帜。论者称他‘领异标新，穷神尽变’。对清中叶以后的花鸟画的影响甚大”。

在华喦传世画作中，款署很多，如临汀华喦、白沙华喦、白沙村华喦、白沙山人、秋岳山人、南园客、东园生等等，而在他七旬之后的晚年，则多为新罗山人。

新罗，是家乡；新罗山，是家乡的山。

现在的我们，确实很难想象晚年的华喦在他的一幅幅传世之作上，写下“新罗山人”时，是怎样的心情。但是，可以想见，总有一个夜深人静的时候，白发苍苍的他，心头会掠过千里之外客家母亲河那奔流不息的涛声。然而，终其一生，他没有还乡，至少，《年谱》中没有记载。

一位挚爱家乡的人，竟然不还乡？

未老莫还乡，还乡须断肠？

夕阳西下，断肠人在天涯？

我们不明白。而我们明白的是，华喦的名字早已深深地印刻在中华艺术史上。最终成就他的地方，是扬州或者说杭州。而在时光流逝了200多年之后，他终于回来了，成为他的故乡一尊永远的雕像。

华嵒大事年简表

康熙二十一年（1682），壬戌年，1岁

十月七日生于福建省汀州上杭县白沙里华家亭。

康熙四十二年（1703），癸未年，22岁

侨寓杭州，结识当地布衣诗人徐逢吉。

康熙四十七年（1708），戊子年，27岁

与蒋妍结婚。

康熙四十八年（1709），己丑年，28岁

在江西巡抚朗廷极幕府观倪云林、王蒙《古树竹石图》。

康熙五十三年（1714），甲午年，33岁

本年秋或上一年曾到扬州。

康熙五十四年（1715），乙未年，34岁

冬，蒋妍病逝。

康熙五十六年（1717），丁酉年，36岁

画《苍苔古树图》赠龚翔麟；客都门。

康熙五十七年（1718），戊戌年，37岁

游五岳；名列《钱塘县志》。

康熙五十八年（1719），己亥年，38岁

水西庄绘图；秋，游会稽；厉鹗为其自画小像题《高阳台》词。

康熙六十年（1721），辛丑年，40岁

作《石仓先生小照》；与蒋氏续订婚约，不久与蒋媛结婚。

康熙六十一年（1722），壬寅年，41岁

为金志章作《江声草堂图》。

雍正元年（1723），癸卯年，42岁

诗赠魏云山。

雍正二年（1724），甲辰年，43岁

扬州初卖画，结识张瓠谷。

雍正三年（1725），乙巳年，44岁

补绘陈洪绶《西园雅集图》。

雍正五年（1727），丁未年，46岁

改陈洪绶《仿荆关竹石古树图》上之墨迹为群鸟归巢。

雍正七年（1729），己酉年，48岁

三月，自鄞县归杭州，道经黄竹岭。

雍正八年（1730），庚戌年，49岁

仲春，在宁波为李暾寿，与陈东萃合作《就庄春宴图》；四月，蒋担斯来访；秋，再到扬州并与员果堂结识；完成《离垢集》初稿，徐逢吉为之题词。

雍正十年（1732），壬子年，51岁

冬，自扬州返回杭州，过扬子江冒寒得疾；归家卧床三月余，自度不起，作书寄员果堂，以妻孥相托。

乾隆元年（1736），丙辰年，55岁

春，在杭州题金农《梅花图》。

乾隆二年（1737），丁巳年，56岁

秋，高翔50岁生日，作诗相赠。

乾隆三年（1738），戊午年，57岁

为厉鹗绘《西溪筑居图》。

乾隆四年（1739），己未年，58岁

十月，在扬州为边寿民作《苇间书屋》第三图。

乾隆五年（1740），庚申年，59岁

除夕客扬州，员果堂赠300文压岁，作诗志感；本年徐逢吉去世，在扬州作诗遥祭之。

乾隆六年（1741），辛酉年，60岁

春，参加尺波轩宴集赋诗；应一轩子之邀过访；仲夏，蒋雪樵寄诗，作诗奉答。

乾隆七年（1742），壬戌年，61岁

冬，金农将返杭州，作诗相赠；除夕，客员氏渊雅堂。

乾隆八年（1743），癸亥年，62岁

员果堂卒；九月，得高翔见怀诗，步原韵作答；除夕，客员氏渊雅堂。

乾隆九年（1744），甲子年，63岁

初春，作《素居图》赠员周南；约夏初，为马曰璐五十寿写小像于扇头，并题一长诗。

乾隆十年（1745），乙丑年，64岁

十月七日生日，礼扬州城北观音阁。

乾隆十一年（1746），丙寅年，65岁

春，与沈秋田游东皋；四月，见三子华浚奉府试作诗，索题作诗一首；夏，魏云山八十寿，赋诗以贺；九月，与许滨、颜峄、郑燮集于程兆熊家合作《桐华庵胜集图轴》；秋，与吴雪舟、周京等登天目山，夜游虎丘。

乾隆十二年（1747），丁卯年，66岁

三月，蒋媛病故；秋，作诗寄魏云山；冬，吴雪舟千里冲寒过访，应其请为之绘《吴雪舟秋山放游图》。

乾隆十三年（1748），戊辰年，67岁

三月，访王容大宝日轩，见其《咏鹅诗》，回家画鹅相赠。

乾隆十四年（1749），己巳年，68岁

六月，作《苍松彦士图》赠盛约庵；秋，移居杭城之东里；腊月，应王容大之请，为其父画《宝日轩图》。

乾隆十五年（1750），庚午年，69岁

初春，在家与许滨合作《桃柳双鸭图》；大暑，在扬州与许滨、程兆熊合作《梧桐柳蝉图》。

乾隆十六年（1751），辛未年，70岁

十月七日，客扬州员氏渊雅堂，员艾林以芹酒为其祝寿；冬，为员艾林20岁生日作《荷池纳凉图》；冬，在扬州大病月余；年末春初，为员周南40岁生日作《奉萱图》。

乾隆十七年（1752），壬申年，71岁

春，与丁皋、黄溱合作《桐华庵主像》；二月，自扬州归老于家；七月，命华浚送画去扬州售卖。

乾隆十八年（1753），癸酉年，72岁

五月，为王容大画《养素园图》。

乾隆二十年（1755），乙亥年，74岁

约三月染病，近半年无法作画；九月，接华浚信和张四教订画便函。

乾隆二十一年（1756），丙子年，75岁

冬，卒于家中，葬钱塘县钱干上埠岭。

（本表主要参考薛永年所撰《华喦年谱》及王冰所著《秋空一鹤——华喦传》，在此向两位先生致以诚挚的感谢！）

主要参考资料

1.《离垢集》（五卷），台湾出版《清代稿本百种汇刊》第六十六种，台湾文海出版社1974年版。

2.《离垢集补钞》（一卷），1917年铅印本。

3.《上杭县志》，丘复主纂，1938年版。

4.《闽汀华氏族谱》，光绪甲午年（1894年）第四次续修本。

5.《闽汀华氏族谱》，1914年第五次续修本。

6.《扬州画舫录》，李斗著，中华书局1960年版。

7.《华嵒研究》，薛永年著，天津人民美术出版社1984年版。

8.《扬州八怪年谱（下）之〈华嵒年谱〉》，薛永年撰，江苏美术出版社1993年版。

9.《上杭文史资料（第29辑）》，福建省上杭县政协文史资料委员会编。

10.《秋空一鹤——华嵒传》，王冰著，上海人民出版社2001年版。

11.《华嵒全集》，《华嵒全集》编委会编，福建美术出版社2015年版。

12.《中国画学全史》，郑昶著，时代文艺出版社2010年版。

13.《华嵒的艺术》，薛永年，《美术研究》1981年第2期。

14.《华嵒交游考》，赖元冲，《龙岩师专学报》1991年第

1期。

15.《扬州八怪绘画思想中的雅俗观》，张曼华，南京艺术学院2002年硕士论文。

16.《寓古于新文质相兼——华喦人物画研究》，赵燕青，南京师范大学2004年硕士论文。

17.《诗画连珠仰高吟——评新罗山人〈离垢集〉》，温祖荫，《福建师范大学学报（哲学社会科学版）》2005年第2期。

18.《淮扬异趣：华喦山水画新论》，贺万里，《齐鲁艺苑》2006年第5期。

19.《华喦和他的题画诗》，景献钰，《东南传播》2007年第1期。

20.《清代杭州诗人丛考》，朱则杰，《杭州师范大学学报（社会科学版）》2008年第6期。

21.《俊逸脱俗文质相兼——清代华喦书法艺术研究》，林宏，福建师范大学2012年硕士论文。

22.《华喦花鸟画研究》，刘毅，南京艺术学院2012年博士论文。

23.《文化地理变迁与清初汀州绘画发展概述》，罗礼平，《集美大学学报（哲学社会科学版）》2014年第3期。

24.《解读华喦——从平民画家到艺术大师的历程》，丁临川，《福建艺术》2014年第4期。

25.《华喦山水画研究》，翟延娜，河北大学2014年硕士论文。

26.《华喦〈花鸟草虫图〉册页研究》，孙玮，安徽大学2016年硕士论文。

27.《华嵒的花鸟画艺术及其时代分析》，张磊，中央美术学院2016年硕士论文。

28.《文质相兼：读华嵒花鸟画》，王来文，《收藏》2017年第1期。

29.《古韵遗风丹青缘——纪念华嵒诞辰325周年》，廖汉奎，《政协天地》2007年第10期。

30.《扬州画派创作的经济因素研究》，周卓，中国艺术研究院2017年硕士论文。

31.《清代扬州陕商研究三题》，高苗苗，扬州大学2018年硕士论文。

32.《扬州画派人物画创作与鉴藏研究》，黄珊，天津美术学院2017年硕士论文。

后　记

福建，山海相拥，人杰地灵，人文荟萃，英才辈出，产生了许多伟大的思想家、文学家、教育家、科学家和民族英雄、爱国先驱、革命将士、时代楷模。他们的教育成长、道德品行和思想文章，是福建的宝贵精神财富，教育和激励着一代代福建人努力学习、奋勇前行。福建省社会科学界联合会组织编写的“福建历史文化名人丛书”，以福建历史名人为题材，古今结合，意在从高处着眼、从基础着手，普及人文社会科学知识，促进人文道德养成，使社会科学知识走进大众、走进生活、走进现实，让更多的人了解福建历史名人，弘扬优秀传统文化，增强福建文化影响力和感染力，为建设文化强省添砖加瓦。

“福建历史文化名人丛书”（第五辑）所包含的张元幹、林龙江、李光地、华嵒、梁章钜、冰心6个人物故事，记录了福建文化之于中国历史的影响，同时也以人物史的叙述方式生动地展现出中国人文精神的风骨和传统文化的传承。人物篇以人物生平为线索，在故事中体现传主的学问、事功、道德，凸显他们在中华文明进程中的重要作用，深入挖掘和阐发其内在精神，从而激起读者爱国爱乡的强烈情感，使之成为涵养社会主义核心价值观的重要源泉。

这套丛书以广大群众为读者对象，尤其是各年龄段的学生群体以及受过中等教育的读者，他们对这些历史名人的认知，大多来源于历史课本、乡土教材、文化景点和博物馆，很难形成具体、深入、系统的认识。丛书深入浅出，雅俗共赏，通过一个个生动精彩的故事带领读者走进福建历史，走入人文社会科学的知识殿堂，融故事性、知识性、趣味性、可读性于一体，对提升大众的阅读水平、普及社会科学知识、提高人文社会科学文化素养和思想道德素质有着积极的作用。

专家刘小新老师对丛书写作大纲和书稿进行了认真审读，并提出了许多很好的意见和建议，在此表示感谢！

由于编撰出版时间紧，经验和水平有限，疏漏在所难免，敬请广大读者批评指正。

编委会

2022年4月